ポスト・コロナ時代

どこに住み、どう働くか

長田英知

Discover
ディスカヴァー

はじめに

新型コロナウイルス（以下、新型コロナ）の世界的な流行は私たちの社会を突然、大きく変えることとなりました。

東京オリンピックは延期となり、国境はもちろんのこと、県境をまたぐ移動さえもが制限・自粛される中、多くの企業は在宅勤務にシフトしてデジタル化を進め、飲食店はテイクアウトやデリバリーを併用することで生き残りを図っています。

これらの変化は当然ながら、私たち個人の暮らしや働き方に大きな影響を与えています。

新型コロナ前の社会において、仕事をするために、平日、会社に出勤することについて疑問を持つ人はあまりいなかったのではないでしょうか。

台風や大雨、大雪の時も当然のごとく出社を求める企業に対して恨みを感じることはあっても、定時に会社のオフィスに出勤し、一定時間その場所に拘束されることを、私たちの多くは当然のこととして捉えていたと思います。

しかし新型コロナの流行による緊急事態宣言や外出自粛の呼びかけに伴い、多くの人が突然、半ば強制的に、在宅勤務を行うことを求められるようになりました。

学生たちも同様です。多くの学校が最初の外出自粛期間中にオンライン授業を採用した結果、学生は自宅での新しい学び方に順応することが求められるようになりました。

新型コロナはリーマン・ショックのように、あるいはそれ以上に私たちの社会システムを変えることになるでしょう。

それは人と人が会うことを経済活動の前提とするリアル・エコノミー中心の社会構造から、オンラインでの取引や決済を経済活動の前提とするバーチャル・エコノミー中心の社会構造への不可逆的な転換です。

筆者は2008年頃からIBMにて、スマートシティなど社会のICT化を進める事業に携わってきました。

また2016年からはAirbnb Japanにおいて民泊を中心としたシェアリングエコノミーの普及・推進に携わってきました。

私はこれらの仕事に携わる中で、不動産やもの、あるいは人と人のリアルなつながりをICTで補完・補強することで、より効率的で、より暮らしやすい社会を構築することを目指していました。

ところが実際のところ、こうした取り組みの多くは、様々な法規制や商慣習に阻まれ、順調に進んできたとは言い難いものでした。

しかし新型コロナは、移動・集会の制限という状況を通じて、私たちが抱えていた社会的・技術的な障壁をある意味、強制的に壊す役割を果たしたように思います。

新型コロナに伴う突然の外出自粛により、皆さんも最初の頃は自宅のどこでどのように仕事や勉強をすればよいのか、また仕事とプライベートをどう切り分けていくかについて悩んだのではないでしょうか。

しかしこの新しいライフスタイルやワークスタイルに慣れていく中で、仕事の効率性やQOL（生活の質）が上がったと感じ、従来の満員電車での通勤生活に戻れないと思っている人も少なからずいるのではないでしょうか。

今後、新型コロナのワクチンや治療薬が世の中に普及するにつれて感染リスクは低下し、より自由な移動が可能となる社会はやがて戻ってくるでしょう。

それでも、インスタグラムやＮｅｔｆｌｉｘ、ＬＩＮＥのないライフスタイルや、パソコンやスマートフォンのないワークスタイルがもはや考えられないように、多少の揺り戻しがあったとしても、新型コロナを経験する前の暮らしや働き方に私たちが完全に戻ることはないでしょう。

つまり、新型コロナがもたらしたライフスタイルやワークスタイルの変化の一部を歓迎し、あるいは楽しむようになっているのです。

そして5年後、あるいは10年後の未来から今の状況を俯瞰してみたとき、コロナはベルリンの壁の崩壊のような役割を果たしたと捉えられるのではないかと筆者は考えています。

ベルリンの壁の崩壊からわずか1ヶ月後、アメリカのブッシュ大統領とソ連のゴルバチョフ書記長がマルタ島で会談し、冷戦が終結しました。また東ドイツは1年も経たないうちに国家として存続することができなくなり、東西ドイツの統一が実現されることとなりました。

新型コロナは私たちの社会の歯車を一つ未来へと切り替える役割を果たしました。今後、首都圏直撃の台風が来ることが予想される日にオフィス出勤を求める企業は、優秀な学生の人気就職先となることはないでしょう。またＺｏｏｍ等を使ったオンラインでの学習や交流は、人が直に会えるようになった後も社会に根付き、私たちがつながる有力な手段として残っていくでしょう。

新型コロナは私たちが予期していなかった、全く新しい変化をもたらしたわけではありません。それはいずれ迎えるはずであった未来を少し早く到来させたに過ぎないのです。

では、コロナ・ショックともいえる大きな社会構造の変化の中で、私たちの暮らしや働き方はどのように変わっていくのでしょうか。

そして私たちは人生においてどのような選択を行い、どのような暮らし方や働き方を選んでいけばよいのでしょうか。

本書では様々な分析を通して、「ありうる未来」と「取りうる選択肢」における現時点での見通しについて、そして私たちの「生き方戦略」について語ってみたいと思います。

2021年2月

長田英知《ながたひでとも》

目次

第2章

新型コロナがもたらした社会の変化

第3章

ポスト・コロナ社会の特徴

第4章 働き方・学び方はどう変わるのか

第5章 遊び方はどう変わるのか

第8章

新しい「暮らし」をデザインする

第1章

新型コロナ前の社会のトレンドと住宅事情

新型コロナ後の社会がどのように変わったのかを理解する一番の方法は、
新型コロナ前の社会がどのようなものであったのかについて今一度、
振り返ってみることです。
そこで本書ではまず2010年代が私たちにとってどのような時代で、
その中に新型コロナ後の社会につながるどのような
火種があったかについて、
東京都心部で働くある2人を主人公にした架空のストーリーを交えながら
考えてみたいと思います。

2019年の風景

武蔵小杉在住 加奈子の場合

1日のスケジュール

時刻	予定
5:30	起床
5:45	朝食
06:00	
07:00	
7:40	自宅を出る→娘を保育園へ
08:00	移動
8:55	会社に到着
09:00	
10:00	
11:00	オフィスで仕事
12:00	
12:55	昼食
13:00	13:00 取引先とミーティング
14:00	移動
15:00	
16:00	オフィスで仕事
17:00	
17:30	慌てて退社
18:00	移動
19:00	
20:00	
21:00	
22:00	

朝5時半にセットした目覚まし時計が鳴り、加奈子（41歳）は眠い目をこすりながらスマホで天気予報を見てみる。昨日、九州を直撃して大きな被害を出した台風XX号は、今日の午前中には加奈子が居住する関東地方に上陸するみたいだ。すでに雨は降っていて雨足も心なしか強い。

娘の保育園（認可外）から、台風が直撃した場合には早帰りのためのお迎えをお願いする旨の連絡メールが来ている。

今日は、重要なクライアントとミーティングがあるので早退は無理だし、夫は札幌に単身赴任中だ。万が一、娘が保育園から早帰りになったときは、近くに住んでいる夫の母に来てもらうしかない。

軽くため息をついた後、さっと気持ちを切り替えて身支度を始める。

いつもは30分で朝食と娘のお弁当を作るが、この天気だと電車が遅れる可能性があるので早めに出たい。お弁当はいつも前日の夕食の残りものと作り置きの惣菜で我慢してもらっている。キャラ弁などを持たせているお母さんもいるみたいで、娘に申し訳なく思うこともあるがこれも仕方がない。

なんとか時短に成功し、娘を起こして、一緒に朝ごはんを食べる。

その後、ぐずる娘をなだめながら身支度を済ませ、家を出る。

加奈子が住んでいるのは武蔵小杉《むさしこすぎ》の47階建てのタワーマンションの15階だ。59平米の2LDKの新築物件を6年前の結婚と同時に約5000万円で購入した。

最初は東京都内のタワーマンションを検討していたものの、高額なため手狭な部屋しか予算が合わなかった。そこで、将来子供を産み育てることを考え、神奈川県川崎市にある武蔵小杉エリアの住環境や将来性を期待して購入したのである。

しかし、昨年世帯年収が1000万を超えたとはいえ、子供がこれから進学することを考えると、頭金1000万円を払った後の4000万円の25年ローンはかなり重たくのしかかる。

エレベーターを降り、歩いて10分のところにある認可保育園に娘を預ける。加奈子は運よく娘を認可保育園に入れることができたが、苦労しているママ友も多い。

そのまま駅に向かって、雨で遅れることを見越して、いつもより15分ほど早い電車に乗る。住んでいるマンションから会社のある新宿駅までは1本で行ける。新宿駅から会社までは徒歩5分。ドアツードアで時刻表通りに行けば約30分で着くはずだ。しかし朝のラッシュ時、特に今日のように天候が悪い時はどうしても10分〜15分程度は遅れを見越さなくてはならない。そして朝の通勤電車はぎゅうぎゅう詰めの満員状態で、いつも立っているのがやっとな状態だ。

加奈子は電車の中で夫の母にLINEを打ち、台風の状況によっては、娘の早帰りのお迎えを頼む可能性があることを伝える。

オフィスにはなんとか定時に間に合った。加奈子が勤めているのは化粧品メーカーの商品企画部門で、マネージャー職についている。

午前中は午後からのクライアントミーティングに向けた資料確認を部下と行う。コンビニエンスストア限定で販売される、インバウンド観光客向け低価格コスメの新企画を大手コンビニチェーンにプレゼンする予定だ。

正午に資料をまとめ終わり、急いでプリンターで10部印刷して、ホッチキス止めをする。部下とともに会社の玄関から出ようとすると、案の定、ものすごい土砂降りになっていた。

これでは電車でクライアント先に行くのは大変だ。諦めて自腹でタクシーに乗ることにする。しかし天候が悪いせいか、なかなか空車が来ず、タクシー乗り場には待っている客で長蛇の列ができている。最近使い始めたライドシェアアプリでタクシーを呼び、なんとか10分後に乗ることができた。

大雨のせいで道もすごく混んでいて、普段なら10分で到着する距離なのに倍の20分もかかってしまった。

昼ごはんを食べる時間は残されていないが、なんとかミーティングの時間には間に合ったのでよしとしよう。部下と一緒にコンビニでゼリー飲料を買ってさっと昼食を済ませ、受付へと向かう。

3回目となるミーティングは順調に進み、この商品企画で進めることにクライアントは合意してくれた。

見積書を今週末までに欲しいと言われたので、会社に戻ったら早速見積書を作って、課長のハンコをもらわなくては。雨は引き続き強く降っているが、加奈子は部下とともに最寄りの地下鉄の駅に向かって歩き出す。

そのとき、夫の母から娘をお迎えして、実家で預かっている旨のＬＩＮＥが届く。遅くまで預かってもらうわけにはいかないので、なるべく定時に今日は仕事を上がろう。せめて帰宅時には雨が少し弱まっていればと思う。

2019年の風景

下北沢在住
圭介の場合

1日のスケジュール

06:00	
07:00	
08:00	
09:00	9:30 起床
10:00	10:30 自宅を出る
11:00	11:05 彼女と待ち合わせ
	↓ 移動（渋谷～関内）
12:00	12:20 昼食
13:00	↓ 移動
14:00	
15:00	15:00 野球観戦
16:00	↓
17:00	
18:00	↓ 移動（球場～横浜中華街）
19:00	19:00 夕食
20:00	
21:00	21:00 横浜を出る
	↓ 移動（横浜中華街～下北沢）
22:00	22:10 帰宅

圭介（28歳）が目を覚まし、枕元にあるスマホで時間を確認すると朝9時半をもう回っていた。

昨日は久しぶりに大学時代の仲間と会って、終電間近まで渋谷で飲み、自宅に戻ってきたときにはもう深夜1時を回っていた。彼女との待ち合わせは11時だ。急いで身支度を済ませて、自宅を飛び出す。

今日は横浜スタジアムで行われる横浜DeNAベイスターズのデーゲームのチケットを取れたので、彼女と見に行くことにしていた。

彼女との渋谷駅での待ち合わせにはなんとか5分遅れで済み、一緒に電車に乗って関内《かんない》駅へと向かう。約1時間後、駅に到着すると、あらかじめインスタグラムで調べておいた人気のラーメン屋でさっと昼食を済ませて、球場へと向かう。

今日も横浜スタジアムは、3万席近くの座席が満員御礼となっている。二日酔いの迎え酒で生ビールを飲みながら試合を観戦する。

試合は圭介が応援しているベイスターズが3－0で完勝だった。とてもいい気分で元町商店街をぶらぶらウィンドウショッピングした後、横浜中華街で予約しておいた中華料理のお店に入る。

美味しい夕食を食べ終わって外に出ると、もう夜9時を回るところだった。明日は彼女も休みなのでうちに泊まりに来るという。一緒に帰りながら、最近話題になっている彼女との同棲について話をする。

今、圭介が住んでいるのは、下北沢《しもきたざわ》駅から徒歩8分のところにある築25年の1Kだ。家賃は月8万円と安いが、約25平米で、二人で住むのには少し狭い。

彼女の仕事場は大手町で圭介の仕事場は渋谷だから、どちらからも交通の便の良いところに住みたいというのは二人共通の希望だ。

また彼女は駅から徒歩10分以内の1LDKでセキュリティのしっかりとした、なるべく新しい物件がいいと言う。

便利な場所を選ぼうとすると青山や麻布十番のあたりが候補地となるが、今圭介が住んでいるより少しだけ広い約30平米の1LDKで探すと、新築や築浅の物件は家賃が月18万円と、今住んでいるところの2倍以上になってしまう。もっとも麻布十番でも、築年数が古くて駅から15分ぐらいの物件であれば、30平米で家賃は月15万円くらいで借りられそうだ。

狭いワンルームで利便性を取るか、それとも少し駅から歩くし築年数も古いが、床面積が広くて部屋が2つ確保できる物件を選ぶのか。

いずれにしても今日は家に戻ったらゆっくりしよう。彼女とこの間、観たNetflixのドラマの続きを早くiPadで見たい。そして明日は彼女と朝から一緒に不動産屋を回ることにしよう。

1970年〜

「通勤地獄」が生まれた首都圏への人口集中

私は2008年から約8年間、スマートシティや都市戦略を専門とするコンサルティングに携わり、前職のPwCでは世界の都市の競争力評価にも関わってきました。そこで取り組んできたテーマが「都市部に人口が集中する都市化」への対応でした。

1950年には、都市に住んでいる人口は世界人口の3分の1未満でした。しかし2007年には都市人口は50%を超え、国連の予測によれば2050年には、世界人口は100億人に達し、そのうちの70億人超が都市に住むだろうと予測されています。

日本でも都市化は進んでいますが、ここで特徴的なのは1960年代に始まる高度経済成長期から2010年代まで、人口集中が首都圏「のみ」に起こっているということです。

三大都市圏への人口移動

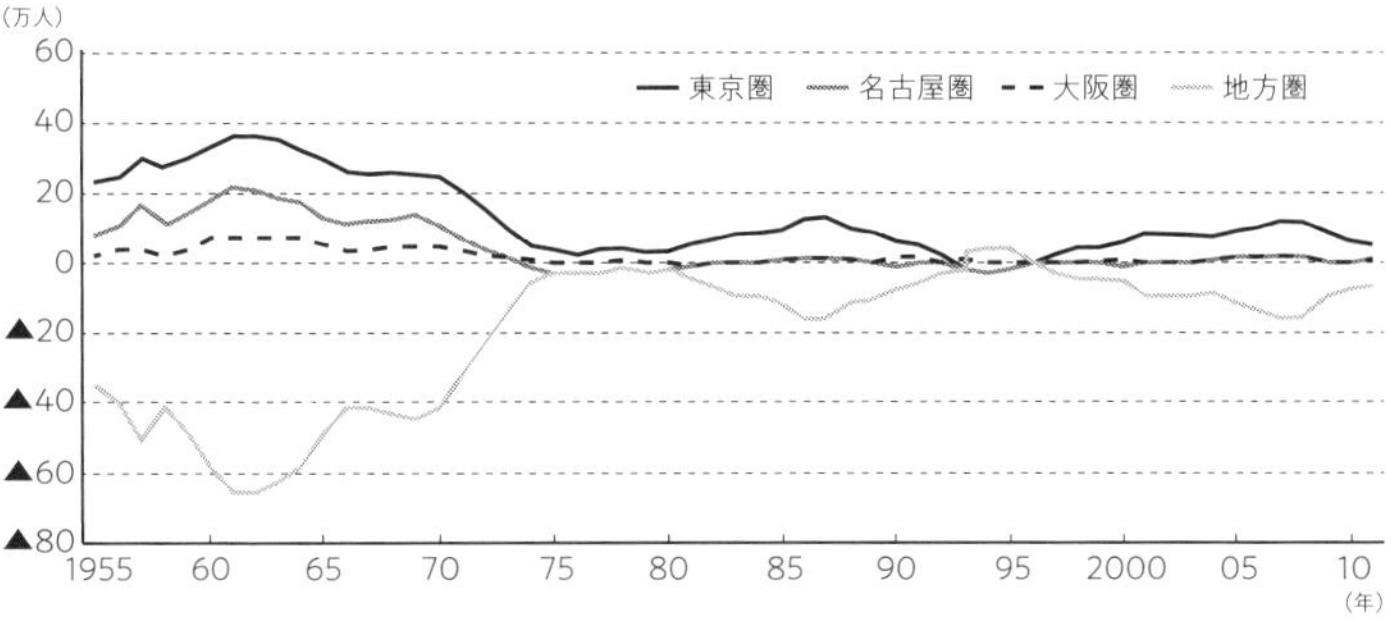

資料：総務省「住民基本台帳人口移動報告」に基づき中小企業庁作成
（注）：1. 東京圏：埼玉県・千葉県・東京都・神奈川県、名古屋圏：岐阜県・愛知県・三重県、大阪圏：京都府・大阪府・兵庫県・奈良県、三大都市圏：東京圏・名古屋圏・大阪圏、地方圏：三大都市圏以外。2. 三大都市圏間の移動は含まれない。3. 図は転入超過数を示している（▲は転出超過数）。

上図は２０１４年の中小企業白書から引用した、日本の三大都市圏と地方圏の人口動態に関するグラフです。このグラフを見ると、まず１９６０年代の高度経済成長期に地方の人口が大きく東京圏、大阪圏に流れていったことがわかります。しかし、１９７０年代中盤以降、大阪圏・名古屋圏の転入者と転出者の割合は一定である一方、東京圏への流入者数は常に超過状態にあることがわかります。なかでも、１９８０〜１９９３年（バブル経済〜バブル崩壊）、２０００年代以降（ＩＴバブル崩壊〜）に地方圏からの人口流出のピークがあるのですが、この流出人口分はほぼ東京圏への人口流入で吸収されています。

なぜ東京圏のみに人口が集中する傾向が続いているのでしょうか？

その一つの要因として挙げたいのが、企業の本社機能が東京に集中している結果、雇用の機会が突出して多いことです。

東京都には現在、約59万社の企業が本社をおいています。これは日本の株式会社総数の約４分の１に当たります。さらに上場企業に関しては、上場企業全体の51・５％にあたる１９７３社が東京都内に本社をおいています。

では東京への本社機能の集中がなぜ首都圏への人口流入につながるのでしょうか。それは日本人の労働者のほとんどがサラリーマンとなっているからです。

サラリーマンという言葉からは昭和をイメージされる方も多いかもしれません。しかし実際には戦後、就業者に占める雇用者、すなわちサラリーマンの割合は一貫して上昇し、令和に入った今、その割合は最も高くなっているのです。

例えば１９５３（昭和28）年の就業者に占める雇用者の割合は42・４％でした。それが、１９５９年に50％を超え（51・９％）、１９９３年には80・７％、２０１９年

「東京計画1960」（丹下都市建築設計）

には89・3%となっています。

東京に人口が集まるのは結局のところ、東京に会社が集中して、雇用者として働き、お金を稼ぐ場所があるからなのです。

一方、地方から継続的に人が流入してくると、東京都内だけで居住スペースを確保することがだんだん困難になってきます。

１９６４年東京五輪の際に、国立代々木競技場を設計した建築家の丹下《たんげ》健三《けんぞう》氏は、１９６０年代の高度成長期に始まった地方から都市圏への急激な人口流入により、東京の中心部にすべての機能が集中している「求心型・放射状」で「閉じた」都市構造が耐えきれなくなると考えました。そして彼が作った「東京計画１９６０」（上図）

の中では、新たに都心から東京湾を超えて木更津方面へと延びる「線形・平行射状」の「開いた」海上都市構造を提案しています。

しかし丹下氏の提案したこの都市構想が実現されることはありませんでした。その代わりに1960年代から都内私鉄各社が行ったTOD（公共交通指向型都市開発）と呼ばれる沿線宅地開発では、「東京計画1960」で懸念が示された求心型・放射状の都市構造をさらに強化させる形での都市開発が進められました。具体的には、これまで山地や沼地、あるいは農地であった、東京都心から数十キロメートル離れたエリアが「庭付き一戸建」のベッドタウンとして宅地開発されることで、放射線が伸ばされました。

一方、遠隔の住宅地から都心部に会社員を大量に送り込むための公共交通システムが同時に整備されることで、伸びた放射線の先に住んでいても都心への通勤が可能となりました。その結果、都市の効率性は最大限に発揮されることになります。

筆者は前職で戦略コンサルタントとして、日本の様々な自治体が築き上げてきた都市開発、インフラ開発等のソリューションを海外都市に展開していく「都市輸出」を進める国の政策を支援していました。

そこでの知見からしても、膨大な人口を狭いエリアに抱える東京都市圏の都市開発の緻密さと、その緻密さを支えるために、ラッシュ時には数分おきのダイヤでほぼ遅延することなく人を輸送する鉄道交通システムの効率性は世界でも他に例を見ないものであるといえます。ただこのシステムは公共交通による長時間通勤と、朝夕の通勤ラッシュという生活者側の代償があって成り立っている仕組みであったことも追記しておきたいと思います。

超効率的な交通システムの支えにより超高密度な都市を可能とした結果、東京への人口流入は高度経済成長期以降も続くことになります。

国立社会保障・人口問題研究所の統計によると、東京50キロ圏内に居住する人口の割合は１９６０年の16・７％から、２０１５年には26・２％まで上昇しました。

ちなみに東京中心部から50キロ圏内といったとき、どのあたりまで入るかというと、東京都では八王子《はちおうじ》市や青梅《おうめ》市、神奈川県であれば横須賀《よこすか》市、茅ヶ崎《ちがさき》市、厚木《あつぎ》市あたりまで、埼玉県では飯能《はんのう》市、鴻巣《こうのす》市、加須《かぞ》市、千葉県では成田《なりた》市、茂原《もばら》市、富津《ふっつ》市などまでのエリアとなります。首都圏に居住している人にとっては広範囲に感じるかもしれませんが、日本全土で考えると非常に限られたエリアであるといえます。

こうして日本の人口の4分の1以上がこの東京50キロ圏内に集中し、この圏内でサラリーマンは「通勤地獄」に耐える生活スタイルを送るようになったわけです。

2000年〜

タワーマンションが生んだ「勝ち組」と「負け組」

その後、2000年代に進んだ建築規制緩和により、求心型・放射状の都市構造の中でさらなる人口密度の濃淡が生じるようになります。

具体的には、都心部と放射線上の一部エリアに人気が集中するとともに、それらの地域ではコンパクトシティとして高層住宅、すなわちタワーマンションが建設されることで、都市の垂直化が進行していったのです。

この傾向は2010年代以降の東京23区への人口流入の状況を見てもわかります。

国立社会保障・人口問題研究所の統計から、日本の20の大都市の人口増減数を見てみると、2000〜2005年の東京23区の人口増加数は35・5万人、2010年〜2015年の人口増加数は32・7万人となっています。

全国主要行政区 2019年マンション化率ランキングおよびマンションストック戸数

順位	都道府県名	行政区名	マンションストック戸数			世帯数(B)	マンション化率(=A÷B)	前年との差分
			築10年以内	30年超	総数(A)			
1	東京都	千代田区	8,650	9,766	28.401	33,961	83.63%	-1.47%
2	東京都	中央区	26,137	15,625	70,449	87,620	80.40%	0.84%
3	東京都	港区	22,248	39,715	101,936	135,034	75.49%	0.28%
4	大阪府	大阪市中央区	17,404	11,875	43,339	58,537	74.04%	1.61%
5	千葉県	千葉市美浜区	6,257	19,134	39,289	63,644	61.73%	-0.65%
6	大阪府	大阪市西区	12,735	10,064	32,755	55,337	59.19%	0.48%
7	大阪府	大阪市北区	17,121	12,704	44,256	74,862	59.12%	0.30%
8	兵庫県	神戸市中央区	14,438	12,830	42,893	74,190	57.82%	0.96%
9	福岡県	福岡市中央区	11,848	20,295	58,992	108,425	54.41%	0.47%
10	神奈川県	横浜市西区	6,652	7,076	28,808	53,711	53.64%	-0.01%
11	東京都	新宿区	22,285	40,775	96,936	188,283	51.48%	-0.19%
12	東京都	渋谷区	11,206	33,137	67,115	130,946	51.25%	0.50%
13	愛知県	名古屋市中区	8,393	10,417	25,523	50,125	50.92%	1.15%
14	大阪府	大阪市天王寺区	5,949	5,270	18,317	36,916	49.62%	1.54%
15	東京都	文京区	12,267	17,798	56,262	113,593	49.53%	0.14%
16	東京都	江東区	40,672	35,970	120,624	253,062	47.67%	0.81%
17	神奈川県	横浜市中区	7,399	11,111	36,089	77,173	46.76%	0.56%
18	大阪府	大阪市福島区	8,018	3,856	18,205	40,044	45.46%	0.98%
19	東京都	台東区	17,131	11,857	48,855	108,853	44.88%	0.72%
20	兵庫県	芦屋市	1,694	8,549	19,293	44,051	43.80%	0.26%

（東京カンテイ）

人数だけ見ると減っているように見えますが、20都市の人口純増数において東京23区が占める割合を見てみると、2000〜2005年は36・4％であるのに対し、2010〜2015年は48・7％にその比率は高まっています。

このように日本の20の大都市の人口純増数の半分は東京23区に集中するようになっているのです。

また東京23区のマンション化も顕著な傾向として挙げられます。

東京カンテイが出している、全国主要行政区のマンション化率ランキングをみると、東京都の区部はトップ3を独占（1位　千代田区〈83・63％〉、2位　中央区〈80・40％〉、3位　港区〈75・49％〉）するとともに、上位20位に8つの区がランクインしています（残りの5つの区は新宿区、渋谷区、文京区、江東区、台東区）。日本全国のマンション化率平均が12・64％であることを考えると、上位の区のマンション化率の数値が突出して高いことがおわかりになるのではないでしょうか。

23区を中心とした都心部への人口流入が続くと、低層マンションだけでは需要に見合う住宅の供給が困難になってきます。

そこで始まったのがマンションをより高層化する試み、すなわちタワーマンションの建設です。

タワーマンションが大量に建設される引き金となったのは、1997年の建築基準法改正でした。この改正により、廊下や階段などの共用部分が容積率（敷地面積に対する延べ床面積の割合）の計算から除外されるようになったほか、容積率が最高600％まで拡大され、日影規制（高層建築物によって日陰ができることを防止するための規制）の適用除外などが受けられる高層住居誘導地区制度が設けられました。

東京都心部と超高層住宅の親和性に関しては、アメリカの大手建築事務所で、六本木ヒルズ・森タワーを手掛けたコーン・ペダーセン・フォックス（KPF）のプリンシパルであるデビット・マロー氏に、NHKスペシャル「NEXT WORLD」の番組取材班が取材した2015年2月10日の記事が示唆に満ちています。

マロー氏は、東京の新しい未来はもっと人口を都市部に集中すべきだと言い、東京湾のど真ん中に高さ1600メートルに及ぶ超高層建築（ハイパービルディング）を

マロー氏による新たな東京の都市計画　Image by Focus

建てる構想を提案しています（東京タワーの高さは333メートル、東京スカイツリーの高さは634メートル）。そしてこのハイパービルディングの中に、住宅地からオフィス、さらにはスーパーなどの商業圏をすべて納めて垂直方向に展開し、1つのビル内で生活を完結させるあり方を提案しているのです。

東京湾の洋上を提案している点において、マロー氏の案は丹下氏の「東京計画1960」を意識していると思われます。

しかし丹下氏が求心型・放射状の都市を克服するために水平状の都市像を提示したのに対し、マロー氏は垂直型の高層ビルを建てて極度に求心型の都市を作ることを目指している点において対照的な提案となっています。

マロー氏の提案ほど過激ではないにしても、日本のタワーマンション群もまた景観や日照権の問題を解決する観点から、まず沿岸部の埋立地エリアにおいて都心の就業者に向けて大量に供給されるようになります。また多くの場合、タワーマンションの近隣には商業施設もセットで整備され、域内で完結した生活を可能にすることが目指されています。

先程のマンション化率で上位に入っている都心6区以外の首都圏エリア（千葉市美《み》浜《はま》区〈幕張《まくはり》新都心〉、横浜市西《にし》区〈みなとみらい〉、東京都江東《こうとう》区〈豊洲《とよす》〉）はすべて沿岸部にタワーマンションが林立しているエリアになっています。

沿岸部のタワーマンション建設が一巡すると、タワーマンション化の傾向は都心6区や、さらにはかつて沿線開発が行われてきたエリアにも広がっていきます。

特に２０１０年代に入ると、新たなオフィス街として大規模再開発が行われていた六本木《ろっぽんぎ》や虎ノ門《とらのもん》界隈、さらには高級住宅地として名を馳せている白金《しろがね》周辺においても、職住近接型や職住一体型の高級タワーマンションが大手デベロッパーによって供給されるようになります。

ただ、土地代が販売価格に重くのしかかる戸建を購入するよりはリーズナブルであるとはいえ、都心の超一等地に建設されたタワーマンションに手を出すことができる層は限られているのも現実です。

そこで冒頭のストーリーで紹介した加奈子が居住する武蔵小杉のように、沿線開発エリアの核となっているターミナル駅を中心とする徒歩圏内のコンパクトなエリアにもタワーマンションが建設されるようになります。

このようにマンションの高層化とコンパクトシティ化が進む一方、ニュータウンとして開発された郊外宅地は自動車がないと、生活が不便であることから敬遠され、高齢化の進展と相まって空き家が増えるようになります。

こうして一都三県の中でも「勝ち組」と「負け組」のエリアが明らかになっていったのです。

2010年～

「都心の高くて狭い家」か「郊外や沿線の広い家」か

都心と沿岸部、そして沿線開発エリアの限られた再開発地域における極度の人口集中が生み出されたのが2010年代でした。

しかし限られたエリアだけが人気となり人口が集中すると、どれだけマンションを高層化したとしても需要を捌き切ることができなくなり、土地の調達もだんだん難しくなってきます。

その結果、新築で建てられるマンションについては、一戸あたりの床面積が減少する一方で価格は上がっていくようになります。

実際のデータで見てみましょう。

2019年の首都圏の新築マンション一戸あたりの平均価格は5904万円で2018年の5592万円から5・6％上昇し、3年連続の上昇となっています。東

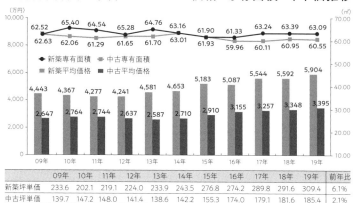

首都圏新築・中古マンション 価格・専有面積・坪単価推移

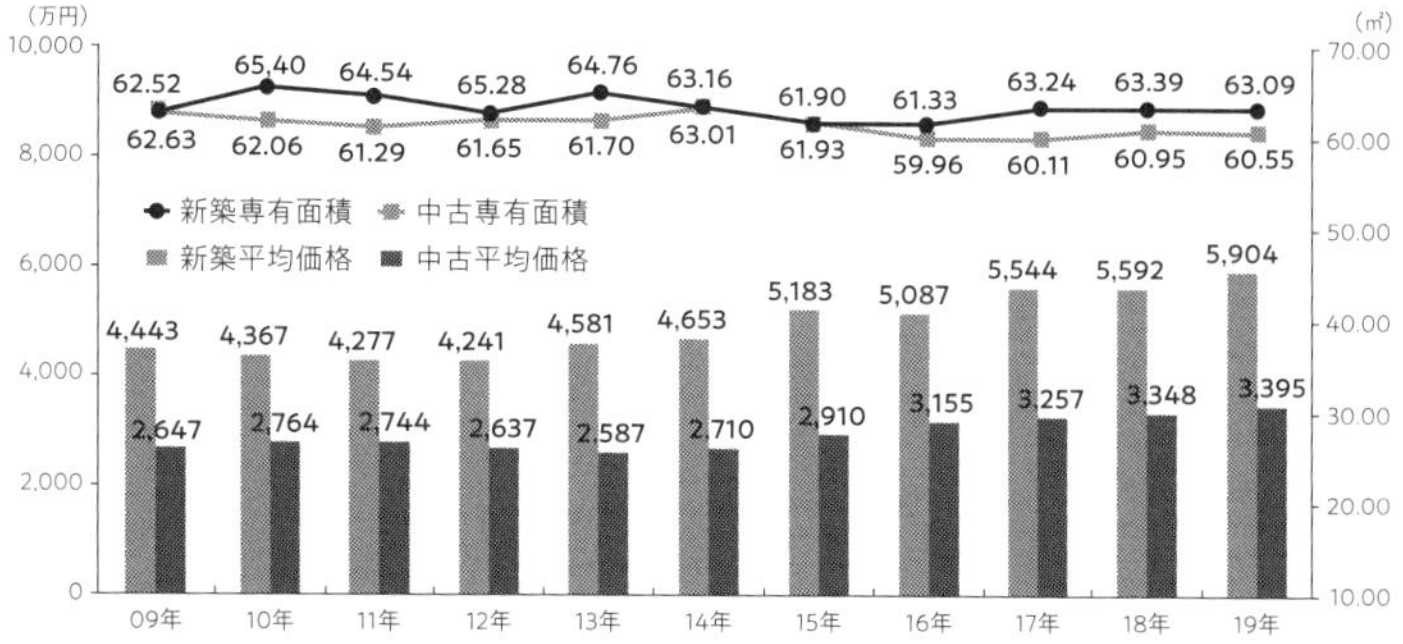

	09年	10年	11年	12年	13年	14年	15年	16年	17年	18年	19年	前年比
新築坪単価	233.6	202.1	219.1	224.0	233.9	243.5	276.8	274.2	289.8	291.6	309.4	6.1%
中古坪単価	139.7	147.2	148.0	141.4	138.6	142.2	155.3	174.0	179.1	181.6	185.4	2.1%

日本大震災直後の2012年の平均価格4241万円と比較すると、8年で約4割も価格が上昇しているのです。また2019年の平均坪単価は309・4万円と、前年の291・6万円から6・1%上昇しました。首都圏の平均坪単価が300万円を超えたのはバブル期の1991年以来28年ぶりのこととなっています。

物件の専有面積についても小型物件の増加傾向が見られます。2019年の平均専有面積は63・09平米で、2018年の63・39平米からほぼ横ばいの数字となっています。

しかしその一方で、30平米以上50平米未満の床面積の物件については2017年の6・9％から、2018年に8・1％、2019年に10・0％と拡大していることがわかります。

こうした市場動向の結果、新型コロナ拡大前の社会においてそれなりの広さの新築物件を購入しようとした場合、加奈子のように都心から離れたタワーマンションが有力な選択肢となったのです。一方、圭介のように都心にこだわりたいが年収が低い世帯にとっては、築年数が古く、かつ駅から遠い物件を選ばざるを得ない状況となっていました。

なお都心部での住宅価格の高騰はそのまま駐車場価格の高騰へとつながり、人々の自動車離れにもつながっていきます。

首都圏における自家用車離れは通勤手段の地域差を見ると明らかです。国勢調査によると、国内における通勤・通学者の利用交通手段1位は自家用車で、46・5％という結果でした。

都道府県ごとに交通手段別の利用割合を見てみると、自家用車が多いのは山形県（77・6％）、富山県（77・4％）、秋田県（75・4％）などの地方部です。

これに対して、自家用車の割合が少ないのは、東京都（9・4％）、神奈川県（33・1％）、大阪府（28・6％）などの都市部となっています。

一方、鉄道・電車の通勤利用割合は都市部が高く、東京都は44・5％、神奈川県33・1％、大阪府28・6％という結果になっているのです。

通勤手段としての自家用車が重視されていないこともあって、都市部では圧倒的に一世帯あたりの自動車保有台数が少なくなっています。

全国の一世帯あたり自動車保有台数の平均が1・043台で、最も保有台数の多い福井県が1・718台であるのに対し、東京都の保有台数は0・443台と圧倒的な最下位となっています。そして自動車やオートバイなどのパーソナルな移動手段がなくても生活できる状況を作るために、駅近物件がさらに志向されるというサイクルが生まれているのです。

第2章

新型コロナがもたらした社会の変化

新型コロナ前の社会では、都心の一部の限られたエリアに
仕事や住居が過密集中し、
垂直化することで、都市としての効率性を
最大化させることが目指されてきました。では新型コロナによって、
私たちの社会状況はどのように変化したのでしょうか。
本章では、コロナ・ショックがもたらした４つの変化のフェーズを
順に追って説明していきたいと思います。
ここでもまずは加奈子と圭介の日常の風景を追ってみましょう。

2020年の風景

外出自粛要請中

武蔵小杉在住 加奈子の場合

1日のスケジュール

時刻	予定
06:00	6:00 起床
	6:30 朝食、コーヒータイム
07:00	7:00 家事
08:00	
09:00	9:00 始業
10:00	10:00 オンライン会議
11:00	
12:00	12:00 昼食
13:00	13:00 仕事を再開
14:00	
15:00	15:00 オンライン会議
16:00	
17:00	
	17:30 終業
	17:45 夕食の買い出し（テイクアウト）
18:00	
19:00	
20:00	
21:00	
22:00	

朝6時、目覚まし時計が鳴る少し前に加奈子は目を覚ます。

今日は何曜日だっただろう。毎日、自宅にいるので次第に曜日の感覚がなくなってくるのだ。起き抜けのぼーっとした頭で思いを巡らし、それからスマホを眺めて木曜日であることを確認する。あと2日で休日だけど、平日に出勤していた頃のような休日に対する高揚感を感じることができない。

横で寝ている夫を起こし、自分もベッドから起き上がり身支度を始める。夫は新型コロナ感染の拡大に伴い、1ヶ月前に会社命令で単身赴任先から戻ってきたのだ。

朝ごはんを作って、娘を起こす。娘は今年、小学校入学の年だった。楽しみにしていたランドセルを背負っての入学式はなんとか行われたけれど、次の日から休校となってしまった。

学校からの連絡によると、5月末まで授業は始まらないらしい。仕方なくオンライン学習塾に申し込み、1日2時間ほど勉強をさせているが、それ以外の時間はゲームをやったり漫画を読んだりして、遊びほうけている。

ただ娘もゲームや漫画にも飽きつつあり、楽しみにしていた小学校にも行けず、外に遊びに行ったり、友達と会うこともままならないので、だんだんストレスが溜まっているようだ。一緒に自宅にいる娘に勉強を教えたり、遊んであげたりしたいけれど、加奈子も夫も仕事や生活の変化に追いついていくのが精一杯で、なかなかそこまで手が回らない。

朝食を終えると、夫と分担して洗い物や掃除などの家事を簡単に済ませてしまう。通勤がなくなった分、その時間にこまごまとした家事をこなせるのはありがたい。

また仕事を始める前に夫とスケジュールを確認し合うのも日課となった。加奈子のマンションは2LDKで、部屋はリビングダイニング、夫と加奈子の寝室、そして娘の寝室となっている。基本は二人ともダイニングテーブルやソファで仕事をしているが、オンライン会議をどうこなすかが問題になる。

会社のオンライン会議への移行自体はスムーズに進んで、社内ともお客様とも大きな混乱なく進めることができている。しかしオンライン会議の環境を自宅内に整えるのは思いの外、大変だ。

一人がオンライン会議でもう一人がPCワークのときは、お互いに気が散るけれどなんとか我慢して、そのままLDKで一緒に仕事をしている。問題は二人とも同じ時間にオンライン会議が入っているときだ。

相手の声が入る環境で会議に参加するわけにもいかないので、二人ともオンライン会議が入っている時間帯は、より重要度の低い（と思われる）会議に参加するほうが夫婦の寝室に移動すると決めている。

ただ夫と加奈子の寝室には机や椅子を置けるスペースが確保できないので、ベッドに座ってノートＰＣと向き合うような形しか取れないのがとても不便だ。


マンションを購入したときには２ＬＤＫで十分だと思ったけれど、あともう１部屋あるか、ＬＤＫにきちんとしたワークスペースを確保できる広さの物件を選んでおけばよかったと後悔する。

しかしマンションを購入したときは、自宅で仕事をするような状況が訪れるなど思ってもみなかったのだ。

今日は10時〜11時と15時〜16時に二人ともオンライン会議が入っているようだ。

10時からのミーティングは社内なので、この時間帯についてはＬＤＫを夫に譲って夫婦の寝室からミーティングに出ることにしよう。その代わり、15時からの顧客とのミーティングはＬＤＫを譲ってもらおうと加奈子は考える。

もう一つの悩みの種は娘だ。

娘は加奈子と夫の就業時間中は自分の寝室で勉強したり遊んでもらうようにしているのだが、なかなか一筋縄ではいかない。

甘えたい盛りでもあるので時折、自分の部屋から出てきて、会議中であろうとお構いなしに加奈子や夫に話しかけてくる。娘の気持ちもわかるのだが、顧客とのオンライン会議のときにこれをやられるとかなり辛い。

だから顧客との会議が始まる前には娘にｉＰａｄを渡して、アニメを見せるのが習慣となってしまった。本当はこういうことをしたくないのだけど、致し方ない。

それ以外にも自宅での仕事には良い面も悪い面もある。

良い面は夫との時間が増えたことだ。単身赴任から戻ってきて一緒に過ごす時間が純粋に増えたのが嬉しい。特に休みの日などは二人で一緒に料理をすることが多くなった。

一方、自宅での仕事には大きな課題を抱えている。オンライン会議の場所確保はその最たる例だが、ダイニングテーブルで普通に仕事をするときも問題がないわけではない。

在宅で仕事をするようになって、ダイニングチェアが長時間のPC作業をするのには向いていないことに加奈子や夫は気づいた。何時間も座っているとだんだん腰が痛くなってくるのだ。

LDKに置けるぐらいの小さいPCデスクとオフィスチェアを購入しようとしたのだが、Amazonや楽天市場では手ごろなものは軒並み売り切れになってしまっている。しかしそろそろ購入しないと限界かもしれない。またプリンターがないのも思いの外、不便だ。


午後のクライアントとのオンライン会議ではちょっとした問題が生じた。

もともとインバウンド向けのコンビニ限定化粧品の開発を進めていたのだが、肝心のインバウンド需要が見込めなくなったため、開発期間や内容を大幅に変更したいという申し入れがあったのだ。

加奈子としてはとても困る話だが、この状況を考えると致し方ないとも思う。上司に連絡して契約書の変更について合意をとる。毎週月曜に上司は出勤しているので、それに合わせて契約書を会社で印刷し、ハンコをもらいにいこう。満員の通勤電車に乗るのは少し怖いが致し方ない。

午後5時半に仕事が終わる。今日は少し疲れたので、すぐ近所にある馴染みの、夫婦経営のイタリアンのテイクアウトを頼むことにする。

この店は食べログでも評価が高く、これまでは週末のランチなどはなかなか予約が取れないお店だった。しかし新型コロナにより顧客は激減し、夜も遅い時間まで開けていられないので、テイクアウトのみの営業に今は切り替えているらしい。テイクアウトはお店で食べるよりもかなりリーズナブルだし、何よりこの厳しい状況下で馴染みの店を応援したい。

夫も仕事が終わったようだ。娘を自宅で見てもらうようにお願いして、テイクアウトを取りに行き、ついでに隣のスーパーに寄っていく。

日用品は宅配でお願いするようになったが、生鮮食品だけはなんとなくスーパーで買いたい気分だ。レジ待ちで並んでいると、横の棚に小麦粉・ベーキングパウダーが売っていたので生鮮食品と合わせて購入する。

これでこの週末は娘と一緒にパン作りができる。2週間前に一緒にしたパン作りがとても楽しかったらしく、娘からまたやりたいとねだられていたのだが、先週、スーパーに行ったときは材料が売り切れていて、買えなかったのだ。きっと娘は大喜びするだろう。

自宅に戻って夕食をとりながら最近、夫婦で気になっている郊外の広い一戸建への引越しについて検討する。

今まで平日は夜に食事をして寝るだけだったし、休日は近所の公園やショッピングなど外に出かける時間も多かったため、いろいろな場所にアクセスしやすいという立地が最も重要で、自宅内は暮らすための最低限の機能が満たされていればいいと思っていた。

しかし自宅で過ごす時間が増えてくることで、自宅のアラが目につくようになり、また自宅で過ごす時間を充実させたいという欲が増えてきている。マンションは購入してまだそこまで年数が経っていないし、新型コロナもやがて収まるだろうから住居を移すのはあまり現実的ではないかもしれない。

でもこのような生活がこれからも続くのであれば、住まいについて少し再考してもよいのではないだろうかとも思っている自分がいる。

2020年の風景

外出自粛要請中

下北沢在住圭介の場合

1日のスケジュール

06:00	
07:00	
08:00	
09:00	9:00 起床 9:20 彼女とビデオ通話
10:00	
11:00	11:00 昼食 11:45 DIY
12:00	
13:00	
14:00	14:30 DIY 完成
15:00	
16:00	
17:00	
18:00	18:00 オンライン飲み会
19:00	
20:00	
21:00	
22:00	

目が覚めてカーテンを開けると、そこには雲ひとつない青空が広がっていた。気持ちのいい日曜日だ。気候もいいし、外に遊びに出かけたい気分になるのをグッとこらえる。

スマホを開くと、彼女からLINEが来ている。早速ビデオ通話を始めて、会話をする。外出自粛期間に入って、彼女と会える時間がめっきり減っている。その埋め合わせをするように休日はもちろんのこと、時間のあるときは平日でもできる限り話し合うようにしている。

彼女もまたこんないい天気の日に外に出られないことを残念がっていた。自由にいろいろな場所にデートに行けた昔をとても遠く、懐かしく感じるねと話し合う。

今日、彼女は最近始めた編み物をして日中を過ごすらしい。「年末まではマフラーを編んでプレゼントするね！」と、笑って言う。夜は彼女の好きなアーティストが開催するオンラインライブを視聴するとのことだ。

彼女とは、来週に行われる別のアーティストのオンラインライブを同時視聴デートすることを約束して、ビデオ通話を切る。

圭介は先週、ホームセンターで注文した木材とスチール脚を使って、自作のPC机を作ることに決めた。

コロナによる在宅ワークが長引くにつれて、自宅のコンパクトなダイニングテーブルと折りたたみ椅子では限界を感じるようになっていた。ECサイトで良いものがないか探し回ったのだが、ちょうどいい感じのPCテーブルは在庫切れだったり、あるいは値段が高過ぎて手が出ない。

そこで椅子はオフィス用の少しいいものを買う代わり、テーブルは自作することに決めたのだった。


ホームセンターからの宅配は午前中に届いた。圭介は昨晩の残り物でさっと昼食をとって腹ごしらえをしてから、テーブルの製作に取り掛かる。

DIYが好きな友人にいろいろとアドバイスをもらい、必要なものは全部揃え、作る手順も頭に入っているつもりではあったが、実際にやってみると大変だ。

まず杉材の天板に紙やすりをかけてオイルを塗る。少しダークな色にしたかったので濃い目の塗料を選んだのが大正解だった。時間をかけて二度塗りすると深みが出て素敵な色合いになった。

その後、人生初の電動ドライバーを使って、スチール脚をつけていく。慣れている人だと1時間もあれば作り終わるみたいだが、なんだかんだで3時間近くかかってしまった。しかし自分で作ったという充実感と、テーブルに対する愛着はこれまでに感じたことのないものだ。

18時からはその机を早速使って、高校時代の友人とオンライン飲み会を始める。本当は今月、同窓会が予定されていたのだが、外出自粛要請の影響で延期となってしまった。そこで有志だけ集まってオンライン飲み会をやろうということになったのだ。

オンライン飲み会では、久しぶりに会う仲間の部屋が見えたり、あるいは選んでいる壁紙のセンスなどがとても気になる。ただオンライン飲み会の欠点はお店の閉店も終電もないので、ついつい長時間飲み過ぎてしまうことだ。

旧友と久しぶりに語りながら、人とつながる大切さを改めて圭介は感じる。

変化1

移動と対面の制限

新型コロナが私たちの生活に最初にもたらした大きな変化は、物理的なつながりの制限です。具体的には、①「海外からの出入国の停止や外出の自粛などの移動の自由の制限」と、②「多くの人数で集まることへの強い自粛要請による集会の自由の制限」、この2つの制限が生じたことで、私たちが物理的につながる機会は大幅に減少しました。

それぞれの制限が生んだ影響について具体的に考えていきましょう。

まず移動の自由の制限は、街の人の流れを大きく変えました。中でも小売業や旅行業に携わっている方々が特に感じているのが、国外からのインバウンド観光客の大幅な減少ではないでしょうか。

近年、海外からの観光客数が、日本から海外への出国者数を大きく超過する状況が

訪日外国人数と出国日本人数の推移（1964年～2018年）

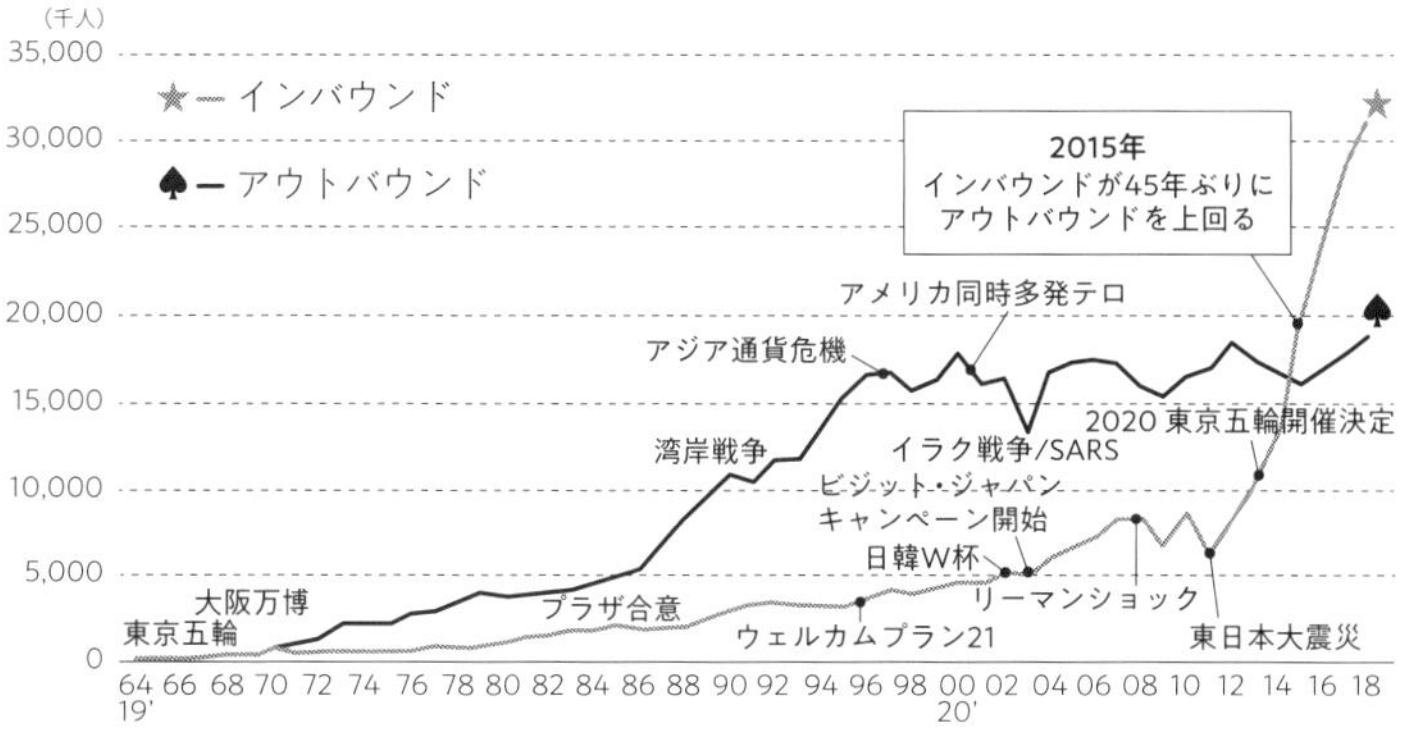

出典：日本政府観光局（JNTO）

続いていました。

１９７０年の大阪万博の開催時、日本を訪れる訪日外国人数（インバウンド）と出国日本人数（アウトバウンド）はそれぞれ約85万人でほぼ同数でした。

その後、好調な経済にも支えられてアウトバウンドは順調に伸び続け、１９９０年代後半には１６００万人～１７００万人を推移する規模にまで増加していきました。

一方、インバウンドは、日韓共催でアジア初のサッカーW杯が行われた２００２年でさえ５００万人と、日本からの海外旅行者の約３分の１の規模しかありませんでした。

しかし2010年代に入ると、インバウンドが急激な伸びを見せるようになります。インバウンド観光客数は東日本大震災があった2011年の約622万人からどんどん伸び続け、2019年には約3188万人と8年で5倍近くに増加しました。

一方、アウトバウンドは、2010年代はほぼ横ばいの状況であったため、2015年には45年ぶりに訪日外国人数が出国日本人数を上回ることになります。

これらの結果、2019年末には訪日外国人が出国日本人数の約1・5倍になるまで差が開いたのです。

インバウンドの増加は旅行業以外の産業セクターにも大きな影響を与えることになります。既存の商品・サービスでもインバウンド消費をターゲットとしたものが増えるとともに、民泊などの新しいサービス分野も広がりました。また大都市や観光地を抱える自治体においては、インバウンドとどのように向き合っていくかが大きな政策課題となりました。

2020年の東京オリンピックは、日本にさらなるインバウンド消費を呼び込む象徴的なイベントとなるはずでした。しかしコロナはこの状況を一変させることになります。

２０２０年４月以降、海外諸国からの入国規制によりインバウンド観光客は激減します。日本政府観光局のまとめによると、４月の訪日外国人数は２９００人、５月の訪日外国人数は１７００人でした。これは前年同月比99・９％減の数字で、１９６４年に統計が開始されて以来、初めて1ヶ月の訪日外国人数が1万人を割り込みました。その後も1万人を大きく下回る状況が続き、６月が２６００人、７月が３８００人となっています。

ちなみに中国人の訪日客数は２０１９年５月に75万６３６５人だったのに対し、２０２０年５月はわずか30人でした。

また訪日外国人と比較すればマシなものの、日本人旅行客の減少も深刻です。

ＪＡＬが６月９日に発表した５月の利用客数は、国際線が８２９５人で前年同月比99・０％減ですが、国内線においても24万４９７４人と同92・４％減となりました。

ＡＮＡも同様で、５月の利用客数は国際線が２万４１７９人で前年同月比97・１％減、国内線も20万４１５５人と同94・７％減となっています。また７月22日からＧｏｔｏトラベルが開始したものの、２０２０年８月の日本人宿泊者数はいまだ昨年比51・５％減と厳しい状況が続いています。ＪＴＢ総合研究所による２０２０年の年末年始の国内旅行推計によると、帰省の自粛が呼びかけられたこともあり、前年同期比70％以上の減少となっています。

こうした移動の自由の制限と合わせて起きたのが、イベント、コンサートやスポーツ観戦、さらには会食や接待などを含む多人数での集会の自由の制限です。

新型コロナの影響で音楽やスポーツなどさまざまなイベントが中止や延期になった結果、3月〜5月の経済的な損失だけでも3兆円余りに上ると、政府系の金融機関が推計しています。

自治体などが主催する地域のまつりは1116件、プロ野球やJリーグなどのプロスポーツは1150件、そして音楽ライブや演劇は実に1万2705件が中止や延期となりました。さらに6月以降のイベントについても東京オリンピックが翌年に延期され、高校野球が開催中止になるなど大きな経済的・社会的影響が生じました。

飲食店も3密《さんみつ》が生じやすい環境として、大きな影響を受けています。

経済産業省の特定サービス産業動態統計調査によると、2020年3月〜7月はファミリーレストランの売上高が前年同月比で49～59%減少し、同じくパブ・居酒屋は、90～91%減となっています。また2020年の飲食店事業者の倒産数は780件と過去最多を更新しました。

変化2

オンライン・エコノミーへの移行

国内外への移動・集会の制限はコロナが収束するにつれて、やがて緩和するでしょう。しかし移動・集会の制限によって生み出されたライフスタイルの変化のいくつかは、私たちの生活が平常に戻ったとしても残り続けると思われます。

この残り続けるものの筆頭として挙げたいのが、オンライン・エコノミーです。

コロナに伴う外出自粛要請期間において、私たちがみな自宅で過ごすようになった結果、日々の生活で自宅の外で行っていたことの多くがオンライン化されるようになりました。その中にはリアルな現場で行うのが当たり前だったものも含まれています。

このようなオンラインへの移行のケースとして最初に挙げたいのは、私たちのお金や余暇の使い方のオンライン化です。

例えば、生鮮食品の購入を例にとってみましょう。これまでも生鮮食品を定期的に宅配で購入するサービスはありましたが、コロナをきっかけにこれらのビジネスが急伸しています。

関東を中心に展開しているパルシステム生活協同組合連合会の売上高は2020年2月下旬以降増え始め、4月からは前年同期比30%増で高止まりしています。同会では新規組合員の増加に加え、既存組合員も注文の頻度を増やし、購入単価もアップしているようです。また生鮮食料品や日用雑貨をオンライン販売する「Amazonフレッシュ」でも、3月頃には注文の急増に起因する品切れや配達遅延が発生しました。

アクセンチュアが実施した調査によると、外出自粛をきっかけに食料や雑貨を初めてオンラインで購入した消費者は5人に1人を占め、56歳以上に限れば、3人に1人に達したといいます。また「すべての製品・サービスをオンラインで購入している」と答えた消費者は32%を占め、この数字は今後37%に上昇すると予想されています。

Uber Eatsや出前館のようなオンラインデリバリーサービスも大きく進展した分野です。コロナ下でこれらのサービスを活用するお店の特徴的な事象として挙げたいのは、ファミリーレストランやファストフード店、個人経営の飲食店だけでなく、ローソンやファミリーマートなどのコンビニでもUber Eatsの利用が始まったということです。

都心に住んでいる人にとってコンビニは徒歩圏にあるのが一般的ですし、そこで購入するのは基本的に日常生活で必要とするものであるはずです。しかしコロナをきっかけに徒歩での外出すら避けて自宅にこもり、デリバリーを頼むという需要にこたえるサービスが成立していることが印象的です。

私たちの余暇の楽しみ方もオンラインを活用したものへと移行しています。

読者の皆さんの中でも、コロナをきっかけにSpotifyやNetflix、Amazon Prime Videoなどのオンラインコンテンツサービスに入会したという人も多いのではないでしょうか。

例えばNetflixの2020年3月末の有料会員数は、前年末比で1577万人の純増となり、異例の伸びをみせました。その結果、世界のNetflixの視聴者数は1億8200万人となり、純利益は7億906万ドル（約764億円）と前年同期比

2・1倍に拡大しています。また2020年9月の日本でのNetflixの有料会員数は1年間で200万人増加し、500万人を突破しています。

なお2020年10月に発表されたライムライト・ネットワークス・ジャパンの調査によると、日本におけるオンラインビデオの視聴時間は今年1年間で、1週間平均で7・2時間となっており、前年の4・8時間に比べて1・5倍に急増しています。

そして個人的に特に印象的だったのがコロナ禍において、映画会社が配信場所として映画館を諦め、最初からオンラインで公開するという動きが起きたということです。例えば米パラマウント・ピクチャーズは4月に予定していた映画『ザ・ラブバーズ』の劇場公開を見送り、Netflixで配信すると決めました。これまで劇場映画はまず映画館というリアルの場で公開し、その後、映像ストリーミングサービスに流していくということが一般的でした。

新型コロナはこの構造を崩し、劇場映画として大手映画会社が制作した作品でも最初からオンラインで提供するという大きな変化をもたらしたのです。

その他、ライブやコンサート、スポーツなど、多人数がリアルに集まることで成立すると思われていた分野においても、オンライン化が進んでいます。

Peatixの調査によると、2020年2月17日「東京マラソン」の一般枠中止発表以降、イベント開催キャンセル率は60〜70%程度に上ると予測されています。

その一方、4月6日に発表された緊急事態宣言以降、オンラインイベントの公開数が増えており、6月中旬時点では約8割がオンラインイベントの形式で開催されました。またオンラインイベントの有料化も5割以上で行われており、参加者の満足度も9割を超えるなど、オンラインでのイベント化についても一定の理解と浸透が進んでいることが明らかになってきています。

変化 3

通勤・通学のない生活

オンライン化の波は私たちの社会活動、すなわち人とのつながりの分野においても広がっています。この観点で大きな影響を与えたものとして取り上げたいのが仕事のオンライン化です。

これまでは毎日、出社することが勤務の前提だったのに対し、外出自粛期間には、オンラインツールを活用して在宅勤務を行うことが新しいノーマルとなりました。

マイボイスコムが取ったアンケートによると、会社員のうち、新型コロナをきっかけに制度変化があった人は6割弱で、新型コロナ対策で初めて在宅勤務・テレワークを経験した人は2割に上りました。

また在宅勤務・テレワークをしたことがある人のうち、働くことについての意識に変化があった人は、「変化があった」「やや変化があった」を合わせて6割だといいます。

私自身を振り返ってみても、新型コロナ前と新型コロナ後のテレワークには、大きな質的な変化があったと感じています。新型コロナが広がる前の社会においても、昨今のデジタルトランスフォーメーションの進展により、オフィスにいなくてもオンラインで仕事ができる環境が急速に整備されつつありました。現在、私が勤務しているAirbnbでは、新型コロナ前からテレワークを割と自由に行うことができましたし、海外チームとの打ち合わせにおいては、オンラインのWebシステムが日常的に活用されていました。

しかし新型コロナに伴う制限がもたらした勤務のあり方は、テレワークに慣れていたはずの私にとっても大きなチャレンジとなりました。「自宅やコワーキングスペース、喫茶店なども含めたテレワークが可能」という状況と「自宅でのテレワーク〝のみ〟可能」という状況には、大きな違いがあったのです。

テレワークを行って良かったことは何ですか？（複数回答）

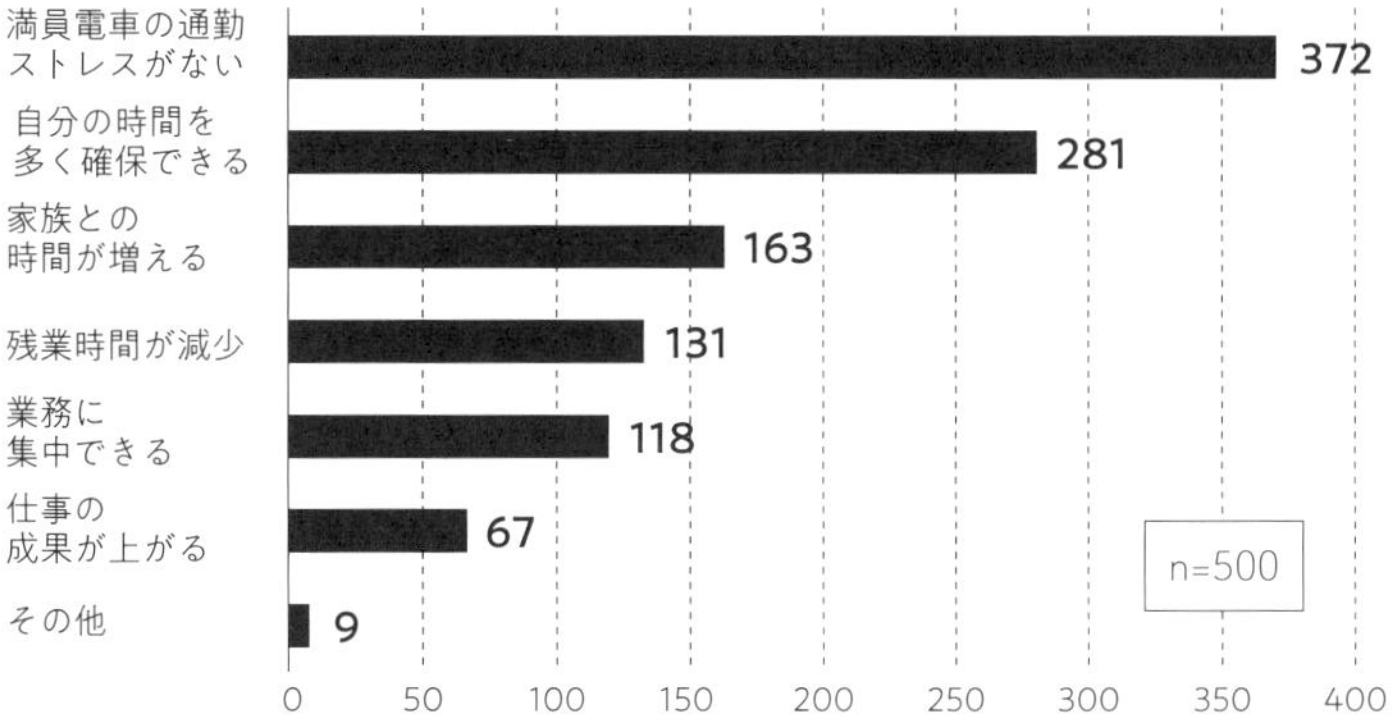

wooc調べ

ｗｏｏｃが取った別のアンケートによると、テレワークを行って良かった点として、満員電車の通勤ストレスがない、あるいは自分の時間や家族との時間が増えたことが挙げられています（上図）。

一方、オンオフの切り替えが難しかったり、自宅内で仕事環境を整えることに苦労している人が多くみられています（次頁の図）。

教育・学習もまた外出自粛に伴い大きくオンライン化にシフトした分野となっています。コロナに伴う休校中にオンライン授業へ対応した学校の割合は、高校で14％、大学で46％に上りました。また文部科学省の調査では、２０２０年5月時点でほぼ全

在宅勤務で困ったことは何ですか？（複数回答）

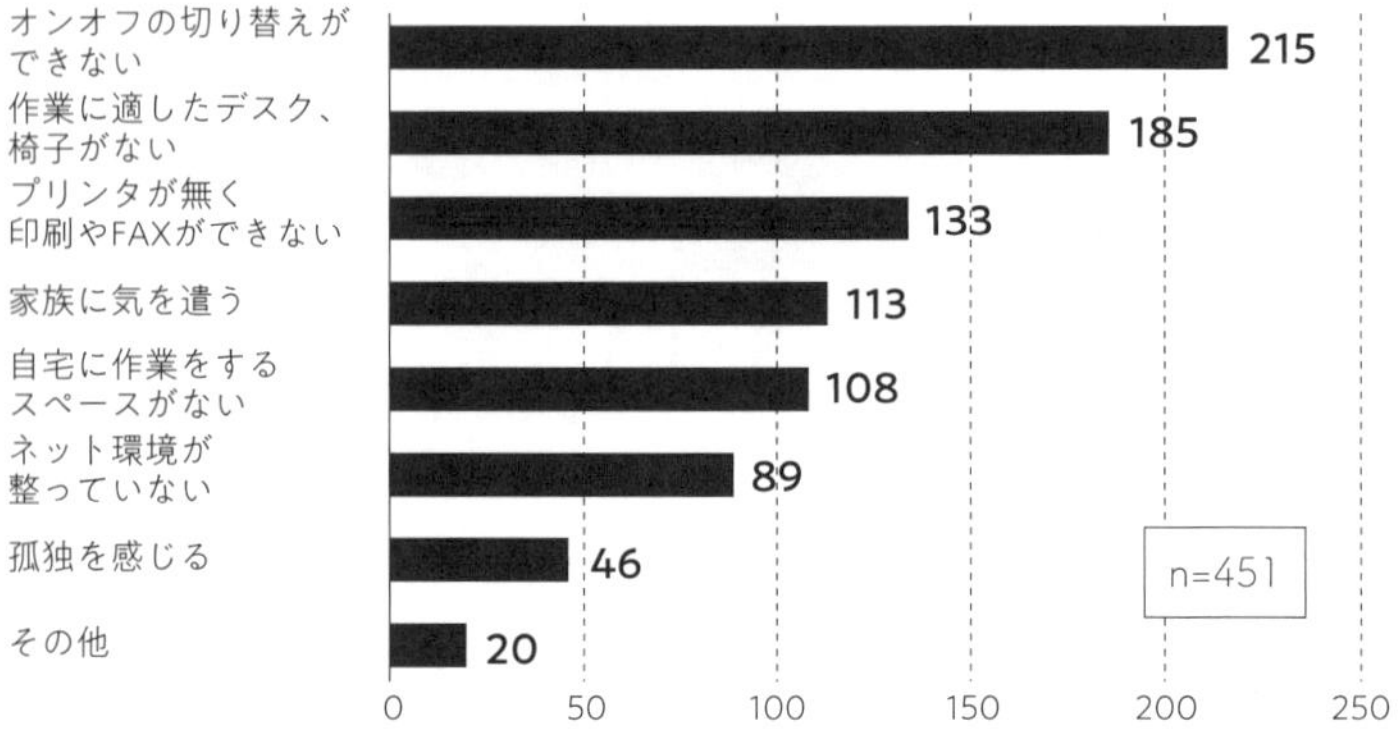

wooc調べ

ての大学が遠隔授業を実施（66・2％）、または検討中（30・5％）であることがわかっています。

私が２０１９年度から客員教授として授業を受け持っている京都芸術大学も、２０２０年度前期で担当した授業はすべてオンラインで行われました。

前年度の授業と比較して感じたことは、リアルに会って授業を行う方が教室の雰囲気を把握しやすい一方、すべてオンライン化して学生同士のディスカッションをオンラインツールを活用して行ってもらうほうが進捗や成果が見えやすく、かつ授業の履歴が毎回録画として残される点では良いと感じました。
ただ、義務教育と高等教育でも学習における期待値が異なってくるため、オンライン化の効果を過大視することは避けたいと思います。しかし教育という人と人のつながりや交流がかん重視される活動でさえも、オンラインで代替されうる社会が現実となりつつあることは特筆すべきことであると考えます。

最後にコロナによる社会活動の変化として挙げたいのは、私たちのプライベートな交流です。
友達と会ったり、一緒にイベントに出かけたりなど、リアルで行うことに価値があったと思われていたこともバーチャルで行うことの可能性が模索されるようになっています。

meuron社が行ったアンケートでは、Ｚｏｏｍ飲みやＺｏｏｍ合コンなど、「オンライン飲みを実施したことがある」と回答した人は全体の47％にも上っています。その後、普段会える相手とのＺｏｏｍ飲み会などは廃れていますが、遠方の友達との交流をオンライン化する動きは根強く残っているようです。

また合コンやお見合い・婚活など、初対面で会話する場もオンラインの導入が進みつつあります。

婚活サービス大手のＩＢＪは、２０２０年3月から「Ｚｏｏｍ」を通じたオンラインお見合いを導入しています。一般的な対面お見合いでは次のステップへ進む割合が30％程度であるのに対し、オンラインお見合いでは40％超の良い結果が出ているとのことで、緊急事態宣言が解除されたのちも行われています。

変化4

オンライン中心の生活

こうしたオンライン・エコノミーの進展は、あくまでコロナ・ショックによりもたらされた一時的なものであり、新型コロナがやがてワクチンや治療薬によって克服され、物理的なつながりの制限がなくなれば、またリアル中心の社会へ戻るだろう、という見方をされる方もいらっしゃると思います。

しかし私は新型コロナがもたらした変化は不可逆であると思っています。なぜなら、仮にコロナ・ショックが起きなかったとしても、リアルを中心とする私たちの経済・社会構造はいずれ変化し、オンラインを中心とするものへと変化していた可能性が高いからです。

すなわち、新型コロナが私たちの暮らし方や働き方にもたらした変化は本質的なものであり、新型コロナはあくまでその変化を、ある意味強制的に、加速させた触媒に過ぎないのです。

そのように考える最初の理由として挙げたいのは、オンラインを中心とした暮らし方、働き方を支えるテクノロジーがすでに十分に成熟しているということです。

テレワークを例にとって考えてみましょう。新型コロナによってテレワークが推進されたことにより、オフィスビルの需要は今後どうなっていくでしょうか。

オフィスビル総合研究所の予測によると、2020年度第1四半期の空室率は統計開始以来の最低値を更新する0・6%でした。しかし新型コロナの影響により、今後1年間では3・7ポイントの急上昇を見込んでおり、2021年度第1四半期が4・3%、2022年同期が4・4%、2023年同期は4・8%の空室率になると予測しています。また実際、2020年11月の東京ビジネス地区（千代田区、中央区、港区、新宿区、渋谷区）におけるオフィスビルの平均空室率は4・33%でした。

しかしこうしたトレンドは限定的で、やがてオフィスの需要は戻ってくるのであろうという見方もあります。この考え方のベースには、リーマン・ショック時の市場の経験があります。

２００８年のリーマン・ショックの際にもオフィス需要は一時期落ち込みましたが、その後急速に回復していきました。このことから今回のコロナ・ショックにおいても状況が収まれば、都心のオフィス需要は戻ってくると見込んでいる人もいます。また新型コロナ後の空室率が４％台に止まれば、８％を上回ったリーマン・ショック後に比べて市況への影響は限定的であろうという見方もされています。

将来のことを予測するのは難しい部分がありますが、私はオフィスの空室率はコロナ・ショック後も改善しないか、あるいはさらに空室率が上昇するのではないかと考えています。なぜなら、今回のコロナ・ショックとリーマン・ショックは、社会インフラの状況に大きな違いがあるからです。

まず一つ目に挙げたいのはテクノロジーの進化です。リーマン・ショックのときは、メール・電話以外に仕事で活用できるオンライン・ツールが限られ、その中でのテレワークには大きな制限がありました。

リーマン・ショックが起きた２００８年は、iPhoneが日本で販売を開始した年です。またブロードバンド世帯普及率も57・1％にとどまっていました。当時の状況では、ワイヤレスでのインターネット利用はもちろんのこと、家庭内のネットワーク環境も限定的であったため、自宅で仕事をする環境が整っている世帯は極めて限定的であったといえます。

会社内のＩＴインフラの整備状況も現在とは比べ物にならない状況でした。

２００８年当時、私はＩＢＭビジネスコンサルティングサービスの戦略コンサルティング部門に勤めていましたが、その頃、丸ビルにあったオフィスは最先端のＩＴを活用したオフィススペースとして多くの企業が視察に来るほどでした。

紙資料は原則ＮＧとされ、文書類はほぼすべてサーバー上に保管され、座席はフリーアドレス制で、スペースは分けられているものの役員ですら固定席が用意されていないなど当時としては最先端のオフィス環境であったといえます。

しかしそこまでインフラが整えられていても、社内外のミーティングは基本的に対面で行われ、Polycomシステムを使った電話会議を稀に利用するぐらいだったことを記憶しています。
そしてフリーアドレスによる座席数削減が可能だったのも、テレワークが浸透していたからではなく、プロジェクトに入っているコンサルタントは客先に常駐する形で仕事するのが一般的だったからでした。

しかし現在、テレワーク環境の大きな変化により、会社に行かなくても仕事を完結できる環境が大きく整ってきています。Ｚｏｏｍ、Slack、Google Docsなど様々なオンラインツールを活用して、きちんとしたネットワーク環境を準備すれば、テレワークをストレスなく行うことが可能になります。

要するにリーマン・ショックが起きた２００８年と現在では、ＰＣ・携帯電話などのハードの性能やオフィス外でのＷｉ-Ｆｉ・ネットワーク環境に圧倒的な違いがあり、テレワークを続けても会社としての活動を維持できるだけのインフラが整備されているのです。

もう一つの理由として挙げたいのは、企業、そして私たちの意識の変化です。

公益財団法人日本生産性本部が発表した「新型コロナウイルス感染症が組織で働く人の意識に及ぼす影響を調査（第1回 働く人の意識調査）」の結果レポートでは、自宅勤務における満足感について、「満足している（18・8％）」「どちらかと言えば満足している（38・2％）」と、満足を感じている人が6割弱いるという結果となり、また新型コロナ収束後もテレワークを継続したいかについては、「そう思う（24・3％）」「どちらかと言えばそう思う（38・4％）」と、6割強が肯定的であるという結果です。

企業側もまた新型コロナ後に向けた新しいワークスタイルを模索し始めています。コクヨマーケティング社が顧客109社に行ったアンケートによると、テレワーク・在宅勤務を導入している企業のうち、うまく運用できていると回答した企業は56・3％で、オフィスやオフィス運用ルールの見直しを検討している企業は73・3％にも上ります。またオフィスの分散・縮小を検討している企業も全体の14・7％に上っています。

企業がテレワークに踏み切るのにはコスト面、リスク面での合理性もあります。都心の高いオフィスの賃貸に多額のお金を支払い続けるよりは、ＰＣやテレワーク環境整備などのＩＣＴに投資を向けたほうが効率性を高め、中長期的には経済性が高い場合が多いでしょう。また新型コロナが収束したとしても、地震や台風などの災害と常に直面している日本の風土を考えると、ＢＣＰの観点からもテレワークは理にかなっていると言えます。

クールビズが短期間で世の中に浸透したのは環境問題への対応という側面もありますが、クールビズによってオフィスの空調コスト等を削減できるということが後押しした部分もあったのではないでしょうか。そのように考えると、テレワークもまた企業の経費を節減し、レジリエンスを高めるという観点で企業内での理由づけがされやすい取り組みであると言えます。

もちろんリアルに会って行われるべき仕事はこれからも残っていくでしょう。また実際にテレワーク中心のスタイルに移行するためには労務管理や就業規則等の問題も解決していかなくてはなりません。

しかし多くの業務でオンライン化が可能であり、またうまくオンラインを活用すれば企業・社員双方にメリットがあることに気づいた今、社会の新しい標準（＝ニューノーム）はオンラインを前提としたシステムへと移行していくと予想できるのではないでしょうか。この辺りの詳細は後の章でも考察していきたいと思います。

第3章

ポスト・コロナ社会の特徴

前章では、コロナ・ショックによって私たちの社会が、
リアル・エコノミーを中心としたものからオンライン・エコノミーを
中心としたものに変わりつつあることについて述べていきました。
ではオンライン・エコノミーが社会の重要な位置を占める
ポスト・コロナの社会とはどのようなものであり、
その中で私たちの暮らし方や働き方はどのように変わっていくのでしょうか。
本章ではポスト・コロナ社会の特徴と、これまでの私たちの社会からの変化の
方向性について考察していきたいと思います。

特徴1

自宅選びの基準が変わる

コロナによるリアルなつながりの分断やオンライン・エコノミーの進展がもたらす変化としてまず挙げたいのは、自宅を選ぶ際の基準の変化です。

私たちが理想とするライフスタイル・ワークスタイルを実現する自宅を選ぼうとするとき、これまでは会社や学校などパブリックな活動を行う場所との距離が重要な要素となっていました。しかしポスト・コロナの社会では、会社や学校との距離の重要性が相対的に低くなる一方、自宅内やご近所コミュニティなどプライベートな居場所の充実度を基準に自宅を選択する意識が高くなっていきます。

このことについてもう少しわかりやすく説明してみたいと思います。

コロナ前に私たちがどこに住むかを選択するとき、多くの人々にとって基準点となっていたのは、どこに仕事場があるかということでした。

圭介や圭介の彼女のケースでも挙げたように、会社の最寄駅を渋谷、あるいは大手町というように特定したのち、最寄駅がある沿線に住むという考え方がこれまでは一般的でした。

平日は毎日、会社に通勤しなくてはならないことを考えると、どれだけ通勤を楽に行えるかが重要な要素となります。また仕事が終わった後に仕事仲間と過ごす機会も多く、そこで築かれる人間関係や社会関係が平日の活動時間の過半を占めていたと言えます。

一方、休日でも自宅で過ごす時間は限定的であり、外出する人が多いという傾向がありました。NHK放送文化研究所が2016年2月に発表した2015年国民生活時間調査の報告書によると、日中（10〜15時）の在宅率は平日で30％程度ですが、休日でも50％程度となっています。

このように休日でも2人に1人は家におらず、日中外出しているのです。こうしたデータを見ていくと、休日の余暇はもちろんのこと、日中の仕事や学業も家で行わなくてはならず、外出できるのが生活用品の買い出し等に限られていた2020年春の緊急事態宣言の状況が、私たちにとっていかに特殊であったかがおわかりいただけると思います。

自宅にいる時間が短いということは、近所付き合いや地域コミュニティとの関与も当然限られてきます。2017年に行われたアンケートでは、一人暮らしの20代〜30代男女で「近所付き合いはない」と回答した人が全体の63・5%となっています。

近所付き合いがない理由の1位は「普段顔を合わせないから」、続けて「話すキッカケがないから」と、近隣住民と接点やきっかけがないことが理由としてあがっています。特に賃貸マンションに住んでいる人だと、同じ階はおろか、隣の部屋に誰が住んでいるかさえ知らない場合も多いのではないでしょうか。

このようにコロナ前の状況において、自宅は生活の基本単位であったものの、勤めている人や学生にとっての活動の中心は学校や仕事場などパブリックな社会関係にありました。その結果、特に都市部に住んでいる人にとっては、自宅や自宅の近所・コミュニティの位置づけは低くなり、例えばサーフィンが趣味で海の近くに住みたい、あるいは親の介護があるので、実家の近くに住みたいといった何らかの強い動機づけがない限り、会社からの距離（＝通勤時間）を起点として住宅を探すということが多かったと言えます。

しかし、ポスト・コロナの社会では、在宅ワークが多くなる一方で、通勤の機会が限定されるため、自宅の重要性が増してきます。

オープンハウス社が行った調査では、1日の平均在宅時間が、新型コロナ前が10時間33分であったのに対し、新型コロナ後が14時間51分と、平均3・3時間長くなったとの回答結果になりました。

ただしこの数字には、専業主婦など、もともと在宅時間が長い人も統計に含まれています。そこで新型コロナを契機に在宅時間が増加したと答えた人だけに限ってみると、平均7・1時間も増加しているという結果になっているのです。

外出が普通の状況から在宅が普通の状況に変化すると、人々が家に求めることは大きく変わってきます。

都市部の生活では（特に一人暮らしの人はその傾向が強いと思いますが）、ほとんどの時間を外で過ごすことと家賃の高さから、自宅は寝るのに必要な最低限の広さと水回りがあればよいと考える人が多くいたと思います。しかしコロナによる外出自粛で、仕事を含むあらゆる生活行動を在宅で行う必要が出てくると、住居の広さや環境に対する意識が変わってきます。

先ほど紹介したオープンハウス社の調査では、新型コロナの影響を受けて、住まいの設備や環境をより良くしようと思った人が76・5％、家の中で楽しめることは意外に多いと思った人が68・0％と、新型コロナをきっかけに在宅時間を見つめ直している人が多い状況を見ることができます。

またこれまではあまり料理をしていなかったけれど、在宅時間が増えたことで、自宅でできる料理のバリエーションを増やしたり、自宅でオンラインコンテンツをゆったりと楽しめるようにリビングルームの環境を整えたという人も多いのではないでしょうか。このように自宅で行わなくてはならない活動のバリエーションが増えた結果として求められるようになってきたのが、住まいの多機能化です。

住まいの多機能化については世界的な建築家である隈研吾《くまけんご》氏が、ＮＨＫのインタビューの中で興味深いことをおっしゃっています（２０２０年6月16日ＮＨＫ「おはよう日本」）。

「（もともと）住まいは、働くこともできるし、子どもを育てることもできるし、家族団らんもできるっていう多目的なものだったんだよね。ある意味では、住まいは住まいとして完結していた。その住まいの、働く部分が肥大化して、どんどんオフィスになって、〝箱〟になっていく。都市は、そこからスタートしていった。」

本来、多目的な用途を満たしていたはずの住まいは高度経済成長期以降、都市への一極人口集中を支える観点から、仕事を行う箱、睡眠を行う箱といった形で機能別に分解されていきました。そして機能別に分解された箱が、高層化された大きな箱の中に効率的に収容されているのが、２０１０年代までの都市の成功した姿でした。

しかし新型コロナを経験した２０２０年代の都市は、一つひとつの箱にもっと多様な機能を持たせつつ、それらがネットワーク化されて緩やかに、「水平的」に点在するようになってくることが予想されます。

水平化された住居空間、すなわち戸建や低層の集合住宅のニーズは新型コロナ下においても増えつつあります。都市部のリーズナブルな戸建を得意とするハウスメーカーの販売実績は新型コロナ以降、絶好調で、オープンハウスの２０２０年5月仲介契約件数の前年同月比増加率は43％、ケイアイスター不動産の分譲住宅契約金額も対前年増加率が32％となっています。

また新型コロナ下の状況変化についてオープンハウス社が行ったアンケートによると、都心・駅近のニーズは引き続き高い一方で、戸建の魅力が高まったという結果が出されています。

特徴2

オフラインの重みが増す

ポスト・コロナ社会の2つ目の特徴として挙げたいのは、あらゆることがオンラインで可能になったことの裏返しとして、リアルなつながりの重みが増したということです。テレワークが中心となり、リアルに会うことができる人の範囲が限られる生活の中で、既存のつながりの重要性を見直すことが求められるようになっているのです。

まず挙げたいのは、一緒に過ごす時間が長くなったことで見直しを迫られる家族、友人、そして地域とのつながりです。

東京ガス株式会社都市生活研究所による調査では、「家族との会話」「料理」「掃除」「育児」などが新型コロナ前と比べて増えたかを聞いたところ、「家族との会話」はすべての年齢層で増加したと答えた人の割合が高くなりました。

家族が自宅で過ごす時間が長くなった結果、当然のことながら同居家族との関係性は私たちの生活の中で重くなっていきます。

新型コロナ前は皆がそれぞれの社会的役割を果たすため、家の外で活動する時間が長く、一つ屋根の下に暮らしていたとしても同じ空間にいる時間は限られていることが多くありました。またご主人が単身赴任をしていて平日は不在だったという家庭も多かったのではないでしょうか。

このように家族が適度な距離感を確保できていることが、少し見方を変えると、家庭円満の秘訣になっていたケースが多くありました。すなわち家族の関係性が完全なものでなく問題が仮にあったとしても、ある種の逃げ道やセーフティネットが家の外にあったわけです。

しかし新型コロナによる外出自粛に伴い、家族全員が自宅待機となると、24時間、顔を突き合わせなくてはならない状況が生まれます。サードプレイスが確保できなくなった結果、同居家族という最小単位のコミュニティの幸福度がそのまま人生の幸福度につながるようになったのです。

新型コロナの影響により、離婚した人についてはは興味深いアンケートがあります。新型コロナ後、実際に離婚まで至った人のうち、新型コロナ感染拡大前から頻繁に離婚を考えていた人は全体の13％に過ぎません。一方、新型コロナ感染拡大後に初めて離婚を考えた人が実は一番多く、全体の47％を占めていたのです。

新型コロナで物理的な移動が制限されると、毎日、顔を合わせて密な状態で一緒に過ごす家族一人ひとりの自分の中での比重は高くなります。その結果、それまで見えていなかった、あるいは見ようとしていなかった相手の側面が目につくようになり、相手との関係性の再考へとつながることになったのではないでしょうか。

「コロナ離婚」という言葉からイメージするのは、元々仲が悪かった夫婦において、コロナが決定打となって離婚に至るという状況です。しかし実際には、新型コロナ感染拡大後に家族と過ごす時間がこれまでよりも増えたことが、家族関係を再考するきっかけとなり、離婚にまでつながる要因となっているのです。

また同居していない家族や友人との距離感も、新型コロナによって再考されるケースが多くなっています。

例えば外出自粛は、一緒に暮らしていない家族との会話の増加につながっています。20代と50代の女性では、「離れて暮らす家族への連絡」が増えており、会うことに制約ができたことで遠方に住んでいる家族の大切さを再認識している状況が見て取れます。

一方、学校の同級生や会社の同期、趣味の仲間などのリアルの友人関係と、Facebookなどのみでつながっている人との関係については、両者の境目が曖昧化する現象も起きています。

これまで両者の違いは、性格や考えが合うか合わないかというより、職場でよく会うから、ジムで一緒のクラスを取っているから、子供が同級生だからというように物理的に会うか（あるいは会わざるを得ないか）で区別されていました。そしてなかなか会えない人よりも、実際に会わなくてはならない人との関係を重視する生活を送ることが多かったように思います。

しかし新型コロナで誰とも物理的に会うことが難しくなり、また会いたくない人と「会わない」理由づけもしやすくなったとき、リアルで会っていた友達も、Facebookにおける友達と同じになり、関係の希薄化が進むようになります。その結果、普段会うか会わないかではなく、どのような人が自分にとって大事なのかという視点で人間関係を見直す人も増えてきています。

また自宅で過ごす時間が長くなったことで、これまであまり関わりを持とうとしていなかった、自宅周辺の地域やご近所コミュニティとの関係性を強化する人も増えています。

今までなかなか話す機会がなかった隣近所の人々との交流や、あるいは単純に近所を散歩する機会が増えたことで、地元のお店や飲食店とのつながりが深まったという人も多いのではないかと思います。

私も地元飲食店のテイクアウトをなるべく利用するようにしましたが、コロナで厳しい状況下でなるべく地元の店を応援するという行動をとられた方も多いのではないでしょうか。

2020年6月に内閣府によって行われた調査によると、仕事の重要性をより意識するようになった人の割合（21・9％）より、家族の重要性を意識するようになった人（49・9％）と、社会とのつながりの重要性を意識するようになった人（39・3％）の割合が多くなっています。

この点に関しても先の隈研吾氏のインタビューではとても示唆に富んだことが述べられています（2020年6月16日NHK「おはよう日本」）。

「（外出自粛が続いて）自分でも体調が悪いなって思ったので、ちょっと歩いてみたら、がぜん体調が良くなった。歩きながらのほうが、発想もわいてくる。何か思いつくと、すぐに連絡をとって『あそこをこうしよう』とか『ここの形をこうしようよ』とか。歩きながら、まちの中で仕事するっていうふうに、僕はなった。こんな公園あったんだとか、こんな道あったんだっていう発見もあって…。職場と家の往復だけで、いかに今までの生活が貧しかったのかっていうのを感じましたね。」

また限られたレジャーの機会に訪れる場所に関しても、近隣の観光地や施設が好まれる傾向が強くなっています。Airbnbにおいても、自宅から近距離のリスティングに対する需要の増加が見られています。具体的には自宅から80キロ圏内、すなわち車で1時間半程度の距離に立地する物件の予約が増加する傾向が見られています。

特徴3

「自分の手で作る」ことの価値が高まる

あらゆることがオンライン化され、リアルな関係が代替されうる状況の中、人々の価値基準や消費行動において、リアルで求めるものの価値を再考する傾向が見られるようになっています。そこで挙げたいのがブランド消費からＤＩＹ消費への移行、すなわち自分の手で作ることの価値の再評価です。

このことを説明するのに「衒示的消費《げんじ》」という少し難しい言葉を使いたいと思います。衒示的消費とは経済学者ソースタイン・ヴェブレンが提唱した概念で、富裕層が高級品を購入する際の目的は、実質的な便益を得るためというより、他者に「見せびらかす」ことにあるというものです。

例えば私たちがブランドバッグや時計、あるいは高級スポーツカーを購入するとき、その品質に惹かれて買う一方で、友人や知り合いに見せたい、あるいは行きつけのお店に行って自慢したいという気持ちもまた、大なり小なりあるのではないでしょうか。

衒示的消費の傾向はSNSの発達により、近年さらに加速しています。

SNSを通じてバーチャルな交流の幅が広がり、リアルに会うことのない世界中の人々と写真や映像でつながれるようになったことは、ユーチューバーやインスタグラマーのような、自己ブランディングによりフォロワー数を増やすことで多額の収入を得る新たな層を生み出しました。こうした人々の「見せびらかし」の対象は当初、「もの」が中心でしたが、やがて他との差別化を行う観点での「こと」の消費が重視されるようになってきます。

すなわち、なかなか予約の取れない人気レストランでの飲食、リゾート地でのバカンスなどの「インスタ映え」する体験の画像や動画を投稿することが、自己顕示において大事になってきたわけです。

しかし、こうした「こと」の消費行動の多くは、新型コロナ下の移動や集会の自由の制限により大きな影響を受けることになります。レストランでご飯を食べたり、旅行に行ったりしたいと思っても、外出自粛による制限を受けたり、状況によってはSNSでそうした体験を発信することが逆に顰蹙《ひんしゅく》を買い、炎上の対象となることもあります。だからといって「もの」を購入して見せびらかすのにも限界があります。ブランド品を購入しても、それを利用できる場所は自宅の中に限られるからです。

さらには自宅に閉じ込められ、移動の自由が制限されるストレスもかかる中、多くの人々の行動は他人に何かを見せびらかすための消費から、自粛下にある自分をいかに満足させるかという消費へと移っていきます。そこで行われ始めたのが、既製品を購入するのではなく、自分で作ることで自己達成感を獲得することでした。

コロナ期間中に、お菓子作りやパン作りにハマったり、ベランダで家庭菜園を始めたり、何かをDIYで作ったという人は大幅に増加しています。

日経新聞の記事によると、ホームセンター大手の島忠では2020年5月の営業時間が通常の7割ほどに短縮されたにも関わらず、5月1~24日の間で、電動工具の売り上げが前年同期比4割増、DIYの材料の木材が8割増、家庭菜園用の苗が2割増となったといいます。

同じくホームセンター大手のカインズでは、机や棚を作るためのアジャスターや、簡単に家具を組み立てられる木工キットなどの4～5月の売り上げが、前年比で3倍近くになりました。またサカタのタネでも3～4月にネット通販での種の売り上げが増加し、ホウレンソウは前年比4・3倍、ハーブは2・5倍となり、栽培に必要な土などの売り上げも2倍以上に伸びているといいます。

自分で何かを作ることが広がったのには、もう一つの根本的な理由があります。端的にいえば、それは外出自粛によって私たちに暇で退屈な時間ができたということです。

この点に関して、哲学者の國分功一郎《こくぶんこういちろう》氏の著書である『暇と退屈の倫理学　増補新版』（太田出版）の一部を引用したいと思います。

「退屈と気晴らしについて考察するパスカルの出発点になるのは次の考えだ。

人間の不幸などというものは、どれも人間が部屋にじっとしていられないがために起こる。部屋でじっとしていればいいのに、そうできない。そのためにわざわざ自分で不幸を招いている。

(中略)

「おろかなる人間は、退屈にたえられないから気晴らしを求めているにすぎないというのに、自分が追い求めるもののなかに本当に幸福があると思い込んでいる、とパスカルは言うのである。

どういうことだろうか？　パスカルがあげる狩りの例を通して見てみよう。」

(中略)

「ウサギ狩りに行く人がいたらこうしてみなさい。「ウサギ狩りに行くのかい？　それなら、これやるよ」。そう言って、ウサギを手渡すのだ。

さて、どうなるだろうか？

その人はイヤな顔をするに違いない。

なぜウサギ狩りに行こうとする人は、お目当てのウサギを手に入れたというのに、イヤな顔をするのだろうか？

答えは簡単だ。ウサギ狩りに行く人はウサギが欲しいのではないからだ。」

（中略）

「狩りをする人が欲しているのは、「不幸な状態から自分たちの思いをそらし、気を紛らせてくれる騒ぎ」に他ならない。だというのに、人間ときたら、獲物を手に入れることに本当に幸福があると思い込んでいる。買ったりもらったりしたのでは欲しくもないウサギを手に入れることに本当に幸福があると思い込んでいる。」

暇つぶしの行動に幸せがあるのかということについて、ここで論じるつもりはありません。

ただ新型コロナ下および新型コロナ後の社会において、仕事も余暇も「自宅かつオンライン」が中心になってくると、私たちが自宅で暇つぶしをする時間が増えるのは確実だと言えます。

このような新しい時間の余剰を何らかの生産活動に当て、自分でお菓子やパンを作ったり、ＤＩＹで小物や家具を作ったりすることで暇つぶしをして、自己達成感を得る人は増えていくでしょう。さらにはそれらの活動の成果物を、副業・兼業の新たな収入源にするといった流れも加速していくことが予想されます。

そして後の章で論じたいと思いますが、こうした行動の変容はさらに大きな経済システムの変容、すなわち大量生産・大量消費システムへの疑問と脱却にさえもつながる可能性があると私は考えています。

次章からはここまでの分析を踏まえて、新型コロナ後の新しい日常において、私たちの働き方や暮らし方がどのように変わっていくのかについて具体的に考えていきたいと思います。

第4章

働き方・学び方はどう変わるのか

前章までは新型コロナ前後において社会がどのように変わるのか、
その変化の方向性について考えてきました。
ここからは私たちの暮らし方や働き方が変化した未来とは
どのようなものかについて考えていきたいと思います。
本章ではまず、私たちの働き方・学び方や遊び方が
どのように変わるのかについて考えていきましょう。

2025年の風景

武蔵小杉から練馬に移住
加奈子の場合

1日のスケジュール

06:00	6:00 起床
	6:30 朝食、コーヒータイム
07:00	7:00 家事
08:00	
09:00	9:00 始業
10:00	
11:00	
12:00	12:00 昼食
13:00	
14:00	
15:00	15:00 オンライン会議
16:00	
17:00	
	17:30 終業
	17:45 ウーバーイーツの手配
18:00	
	18:30 夕食
19:00	
	19:30 オンラインMBAの授業
20:00	
21:00	
	21:30 晩酌
22:00	

朝6時に加奈子は目を覚まし、カーテンを開いてみる。

雨は昨晩よりその降り方を強めている。今日は台風の関東直撃が予想されているが、昨晩、娘の通っている小学校からオンライン授業に切り替えるメールがきていた。夫も私も金曜日は毎週在宅勤務をする旨を会社に伝えてあるので、心配は無用だ。もっともこんな天気のときは、いつでも在宅勤務が申請できるようになっているけれど。加奈子は隣にいる夫を起こして、朝ごはんの準備をする。

6時半から3人一緒に朝ごはんを食べる。後片付けと食後のコーヒーを淹れるのは、夫の日課となっている。加奈子は美味しいコーヒーをゆっくり味わったあと、洗濯や他の家事に取り掛かる。

加奈子は2年前に練馬区の中古戸建賃貸へと引越しをした。

武蔵小杉のマンションを月17万円で賃貸に出し、そのお金で中古戸建を借りて暮らしているのだ。最寄りの光が丘駅までは徒歩10分ほどで、そこから会社のある新宿までは大江戸線一本で約30分。ドアツードアで1時間はかからない。武蔵小杉に住んでいた頃と比べると少し遠くはなったが、会社に行くのは週に2日程度なので、あまり気にならない。それに他の会社も同様に出社日数を制限しているせいか、電車の混雑が格段に緩和されたのがありがたい。

借りている家の築年数は、約20年と古いが、100平米で4LDKもあり、また水回りは数年前にきれいにリフォームされているので快適だ。LDKは家族団欒の場として、それ以外の4室を加奈子と夫の寝室、娘の寝室、夫の仕事部屋、そして加奈子の仕事部屋として使っている。

本当は3LDKでもよいかと思ったのだが、4LDKでちょうど素敵な物件があったことと、夫や加奈子の両親が泊まりに来ることも多いため、部屋数を確保することにした。結果的に在宅ワークのストレスは大きく軽減されたと思う。

娘が朝8時半から自室に戻り、オンライン授業を開始したのを見計らって、自分も仕事部屋に入る。加奈子の仕事部屋は畳部屋なのだが、その一角にカーペットを敷いて、PC机とワークチェアを置いている。ちょっとした床の間があり、そこに季節の花を生けてあるのだが、仕事の合間にふっと目をやるととても癒やされる。

午前中の仕事を無事に終えると、ちょうど娘も昼休みに入って部屋から出てきた。ささっと昼食の炒飯を作って、一緒に食べる。夫はまだ打ち合わせが長引いているようだ。夫の炒飯にラップをかけて、昼からの仕事に戻る。

午後のクライアントとのオンライン会議では、無事に企画内容について合意をいただくことができた。契約書案を作って部長宛に電子申請で承認を上げる。新型コロナをきっかけに3年前、ようやく電子決済システムが社内で導入された。このシステムにより加奈子たちの業務は格段に効率が増した。

17時半になると加奈子は仕事を切り上げ、スマホで夕食をオーダーする。在宅時間が多くなって、食事はほとんど自炊になったが、金曜の夜だけはデリバリーを頼むことにしている。

今、加奈子はキャリアアップのために、オンラインでMBAの資格を取ることができる社会人向け大学院に通っていて、毎週金曜の夜に2時間の授業があるのだ。夫もまた、副業で仕事を受けている某製薬会社との定例打ち合わせを毎週金曜に入れている。Uber Eatsで頼むタイ料理は家族3人の大好物だ。さっと夕食をとったあと、オンライン授業に参加する。

授業が終わり、娘が寝たあとは、夫婦水いらずの時間だ。2人で缶ビールを空けながら過ごす週末の夜はとても尊く、人生の充実を感じる。

最近の二人の話題は、3ヶ月後に控えている練馬の住宅の更新についてだ。このまま武蔵小杉のマンションを貸し続けて、その代わりに今の広い戸建を借り続けるのもいいが、どうせなら武蔵小杉のマンションを手放して、そのお金を元手にどこかに中古住宅を買うのもよいのではないだろうか。二人の夜は穏やかに過ぎていく。

働き方・学び方の
変化1

テクノロジーによるオンライン化の推進

私たちの暮らし方がどのように変わるのかを理解するためには、コロナ・ショックによって私たちの働き方がどのように変わろうとしているのかについて理解することがとても大事になります。

私は現在、グッドデザイン賞の審査委員を務めさせていただいています。グッドデザイン賞の審査委員は各自の専門領域にあわせて自動車、文房具などジャンル別のユニットに分かれ、自分のユニットに応募された対象について主に審査するという形式をとっています。

一方、何名かの審査委員は自分が担当するユニットの審査と合わせて、グッドデザイン賞の全ユニットの応募作品をあるテーマをもとに俯瞰的・横断的に見て、知見を導き出すフォーカスイシューディレクターという役割を兼務します。

2018年に私は「働き方を変える」というテーマで、このフォーカスイシューディレクターの役割を仰せつかりました。そのときに思考を巡らしていた働き方の変化の方向性がコロナ・ショックによって明確になり、加速したと感じています。

ちなみに2018年は働き方改革法案が成立した年で、働き方がこれからどう変わっていくかがホットな話題となっていました。

そうした中、私はその年のグッドデザイン賞に見られた、働き方に関する2つの方向性に注目しました。一つはテクノロジーによる多様な働き方の実現で、もう一つは人と企業のつながりの「幅」と「強度」の多様化です。

まずはテクノロジーによる多様な働き方の実現について、学び方の分野も含めて考えてみましょう。私たちの仕事や勉学を支える様々なテクノロジーは、新型コロナ前からかなり整備されてきていたものの、その普及の速度は決して早いとは言えませんでした。

令和元年版の情報通信白書によると、在宅勤務、モバイルワーク、サテライトオフィス勤務などのテレワークを活用していた企業は２０１８年時点で19・１％となっています。２０１２年の11・５％から比べると上がっているものの、その増加率は決して高いものではありませんでした。

しかし新型コロナは仕事場におけるテクノロジー導入を一気に加速させます。これまでは会社に出社し、同僚や顧客と対面でこなしてきた仕事のほとんどが（押印でさえも！）オンラインで行うことが可能となった結果、テレワークを体験した社員の割合は急増します。

新型コロナの感染拡大防止のために在宅勤務などテレワークを行ったかを聞いた調査では、勤務先が要請・推奨する期間中「すべてテレワークした」人が24・５％、「テレワークしたが出社もした」人が45・８％と、テレワークを行った人の合計が70・３％に上りました。また勤務先の企業規模別で見ると、大企業では83・０％がテレワークを実施しています。そしてテレワーク導入が難しいと考えられていた中小企業でも、計59・３％がテレワークを実施しています。

勉学も同様です。コロナ・ショックが収まれば学校教育、特に義務教育の授業は対面での実施が再び中心になるでしょう。しかしその一方で、加奈子の事例のように台風の到来が想定されたり、学校でインフルエンザなどが流行っている時などは、あらかじめオンライン授業に切り替えるといった対応が今後一般的になることが予想されます。また社会人教育やセミナーなどについては実地での授業と合わせて、オンラインでの授業参加をできるようにすることが当たり前になるのではないでしょうか。

こうした状況を見てみると、これまで慣習や制度、あるいは初期投資の必要性からなかなか進まなかったテレワークやオンライン授業は、コロナ・ショックによってサービスが普及するための越えるべき一線（＝キャズム）を越えたと言えるのではないでしょうか。

そして近い将来、特に事務職については、平時から多くの業務がリモートで行われるようになるでしょう。またこれまで対面以外は考えづらかった業種や職種でも、リモート化が進展していくことが予想されます。

損害保険ジャパンでは、コロナ・ショックを機にコールセンター業務を在宅勤務で行うという取り組みが行われ、一定の成果をあげています。また医療現場においても慢性疾患の治療やちょっと身体の具合が悪いといった場合はオンライン診療へと切り替わっていくことが想定されます。

もちろん対面での業務がすべてなくなることはありません。例えば、救急医療や物流などのライフライン分野は、今後も現場業務が中心となるでしょう。また高級ファッションブランドやジュエリーなど、店舗での接客が顧客にとっての体験価値やサービスの一部となっている場合、リアルな接客のニーズが引き続き残ると思われます。

また本当に重要な交渉や意思決定はどんなにオンライン会議が浸透したとしても引き続き対面で行われるでしょう。少し変なたとえかもしれませんが、明治維新の際に仮にオンライン会議の技術があったとしても、江戸城の無血開城をするためには西郷隆盛と勝海舟は対面で会談を行う必要があったのではないでしょうか。

しかし私たちのほとんどの仕事は多かれ少なかれ、オンライン化されるかＡＩに代替されるようになるでしょう。そしてオフラインの場で人が実際に会って何かを行うということは、それだけである種のステータスや価値となってくる時代がやってくるのかもしれません。

こうしたワークスタイルの変化は会社のオフィスのあり方にも影響を与えるようになります。仕事のほとんどがオンライン化されるようになると、出社の頻度が減少したり、そもそも出社する必要がなくなるような人々が増えてきます。

そうなってくると企業も都心の一等地に社員全員が入れるだけのオフィスを構えることの意味が薄れてきます。それよりも、社員の自宅のＩＴ化やテレワークに投資することで、例えば小さな子供がいたり、介護が必要な家族を抱えている場合でも仕事を続けられるような仕組みを作り出し、社員満足度を高めることが重視されるようになってくるでしょう。

またこうしたワークスタイルの変化は、日々の通勤や移動だけでなく、長距離移動を伴う出張や単身赴任などにも大きな影響を与えるようになります。

これまでの仕事は対面で行うことが基本であったため、地方にいる顧客と商談を行う際には先方の会社まで訪れ、顔を合わせて商談を行わなくてはなりませんでした。しかしポスト・コロナの社会において遠方の会社と打ち合わせを行うときは、初対面の挨拶や重要な契約のタイミング以外はＷｅｂ会議で済ませ、単身赴任なども縮小して経費を削減することが一般的になってくるのではないでしょうか。

いくつかの企業ではこうした動きがすでに現実のものとなっています。

例えば日立はコロナ後も原則週2～3日のテレワークを続けることを発表しました。富士通も在宅勤務を進め、日本国内のオフィススペースを現在の50％ほどに縮小すると発表しています。また、大手菓子メーカーのカルビーでは、オフィスで働く人は在宅勤務などテレワークを原則とし、業務に支障がないと会社が認めた場合には、単身赴任をやめて家族と同居できるようにするなど、新たな働き方を導入することを決めています。キリンホールディングスも２０２０年5月に、期限を定めず社員の出社を上限3割にとどめることを発表し、業務に支障が無ければ在宅勤務を基本として、会議や打ち合わせもＷｅｂ会議を原則とする方針を打ち出しています。同じくマイクロソフト社も恒久的なテレワークを認め、事業所でのオフィススペースの割り当てを失う代わりに所定の場所で働けるようにすることを発表しています。

テレワークの推進には就業規則の見直しなども必要となるため、その浸透には一定の時間はかかるでしょう。それでも近い将来、優秀な人材を確保し続ける視点からも、こうした動きは多くの企業で一般化されるのではないでしょうか。

働き方・学び方の変化2

評価軸が「労働時間」から「アウトプット」へ

移動の最小化がもたらすもう一つの大きな変化は、人と企業のつながりの「幅」と「強度」の多様化です。このことについて理解していただくために、「働く」という概念が日本社会においてどのように変遷してきたかについて考えてみたいと思います。

高度経済成長期以降、日本における働き方は年功序列と終身雇用を前提とするシステムをベースとして考えられてきました。誤解を恐れずに言うならば、その働き方とは、働き手が会社へのコミットメントを誓う代わりに、会社が雇用と老後の安心を約束するという仕組みです。

では会社はどのようにして社員のコミットメントを評価していたのでしょうか。大抵の会社では、それを場所と時間の従属度で測っていたように思います。すなわちオフィスにいる時間の長さ（＝どれだけ残業して自分の時間を会社に捧げているか）や、台風や大雪で電車が止まっていたとしても就業時間に間に合うようにオフィスに来る、さらには職場の飲み会やイベントには必ず参加するといったことが社員の評価において特に重視されていたのです。そしてそれらの評価は時に働き手の仕事のスキルや成果よりも重要な意味を持っていました。

一方、仕事をするとは会社のオフィスに他の社員とともにいることで、働く場所・時間と生活する場所・時間はきちんと区分されるべきというこれまでの前提を、新型コロナはある意味、強制的に崩してしまいます。

その結果、同じオフィスに物理的に同席させ、社員をゆるやかな監視下におくことで求心力を保っていた企業や管理職は突然の危機に直面することになります。

管理職によるマイクロマネジメントを前提とする企業では、新型コロナによる在宅勤務中も社員の行動を把握するため、社員に勤務時間中、Ｗｅｂ会議をつなげさせてカメラをずっとオンにするように求めたり、ＰＣが一定期間動いていないとアラートを上司に飛ばすようなシステムを導入しているケースもあるようです。

しかしテレワークを前提としたワークスタイルにおいて、会社組織への貢献度を労働時間で計ろうとする試みは、もはや意味をなさなくなるでしょう。

そして今後はどれだけの時間、その企業のために費やしたかではなく、どのようなアウトプットが出されたかというジョブで捉え、評価をされるような時代になってきます。

勤務時間や残業に関わる就業規則を変える必要は出てくるとは思いますが、子供や親の世話をしながら仕事をしても、アウトプットを決められた期限内に出せばきちんと評価されるような人事制度や評価システムが生まれてくると、より多くの人が働きやすい環境が生まれるようになるでしょう。

また仕事場所の制限が取り払われるようになると、働く場所をその時々に応じて変えることでモチベーションを上げたり、余暇を最大限に活用することも可能になってきます。金曜にリゾート地で仕事をして、そのまま週末の休みを取るワーケーションを行ったり、夏の間はずっと避暑地の別荘・セカンドハウスで仕事をするといったワークスタイルも可能になってくるのではないでしょうか。またこのように、どのような場所でも働くことが可能な「Work from Anywhere」のワークスタイルが可能であることが、企業にとって優秀な人材を集めるためのPRになる時代もそう遠くなく訪れることになるでしょう。

次にこうした状況の変化から生まれる、企業と雇用者の関係性の「幅」の変化について考えてみたいと思います。

これまで、普通の会社員が副業を行うのは、仮に雇用先の会社で制度上認められていたとしても、本業、副業先の会社がともにオフィスでの勤務や対面でのミーティングを行うことを求める場合が多く、かなり高いハードルがありました。

しかし仕事の評価軸が「労働時間」から「アウトプット」に切り替わり、通勤時間もなくなると、求められているアウトプットを短期間で生み出すことのできる労働者には時間の余裕が生まれます。またあらゆる仕事がオンライン化されることで、副業についてもオンラインでの実施が一般的になりつつあります。こうした空間的・時間的制限が緩和された結果、加奈子の夫の例のように自分のスキル・経験を活用して、本業の業務時間外に副業を請け負うことがやりやすくなっているのです。

一方、企業側も優秀な人材をスポットで活用することを進めようとしています。例えばヤフー株式会社は自社の従業員を対象に、無制限でのテレワーク体制を２０２０年10月から実施しています。その一方で他社人材を「副業」の形で受け入れることを決定し、第一弾として事業プランのアドバイザーを１００人採用するという取り組みを始めました。

このように従業員側、企業側の双方で就業の選択肢の「幅」が増え、両者の関係が流動化していくと、正社員、契約社員、業務委託といった区分は、ある時点における働き手のコミットメントの深さや強度を計るだけの概念でしかなくなるかもしれません。会社もまた、現時点でコミットメントが高い自社の正社員にこだわるのではなく、外部の働き手との多様な関わり方に視野を広げ、事業をデザインすることが求められるようになってきます。

またそのような状況下において、会社が社員の働くモチベーションを維持するためには雇用や地位の保障をすることだけでは足りません。それよりも大事になってくるのは、その会社で働くことで働き手の自己実現がどのように可能になるのか、よりわかりやすい言葉を使えば、どのような生きがいを与えられるかということです。

私たちの多くにとって、働く第一の理由は生活の糧を稼ぐことにあります。

しかしそれと同時に人は、働くことを通じて自己実現するという、より高次な欲求を満たすことを求めています。

働くことを通じて働き手は会社とどのように関わっていくのか。その関わり方はなぜ働き手の自己実現を可能にするのか。ポスト・コロナの時代には、明確かつ説得力のある視点とその視点に基づく魅力あるストーリーを会社が提示することが求められます。

そしてそのようなストーリーを提示する会社には、優秀な働き手が「会社組織に属しているからその会社のために働く」というステレオタイプを超えて集ってくる、そんな時代がこれから訪れるのではないでしょうか。

働き方・学び方の変化3

仕事とプライベートのメリハリが鍵になる

新型コロナ下の変化としてもう一つ挙げたいのが、仕事とプライベートのメリハリの重要性が増したということです。すべての仕事を自宅で行わなくてはならない状況は、新型コロナ前の社会ではあまり想定されていませんでした。テレワークを日常的に行っていたフリーランスの人々でさえも、コワーキングスペースや喫茶店など、サードプレイスの活用が中心だったのではないかと思います。

しかし新型コロナを契機に、生活の基本単位となる自宅で仕事をすることが求められるようになり、自宅の限られた空間の中で、仕事とプライベートの空間・時間のメリハリをつけることに課題を感じるようになります。

例えばワンルームの部屋で在宅勤務を行っているケースを考えてみましょう。

自宅内でテレワークをする場所

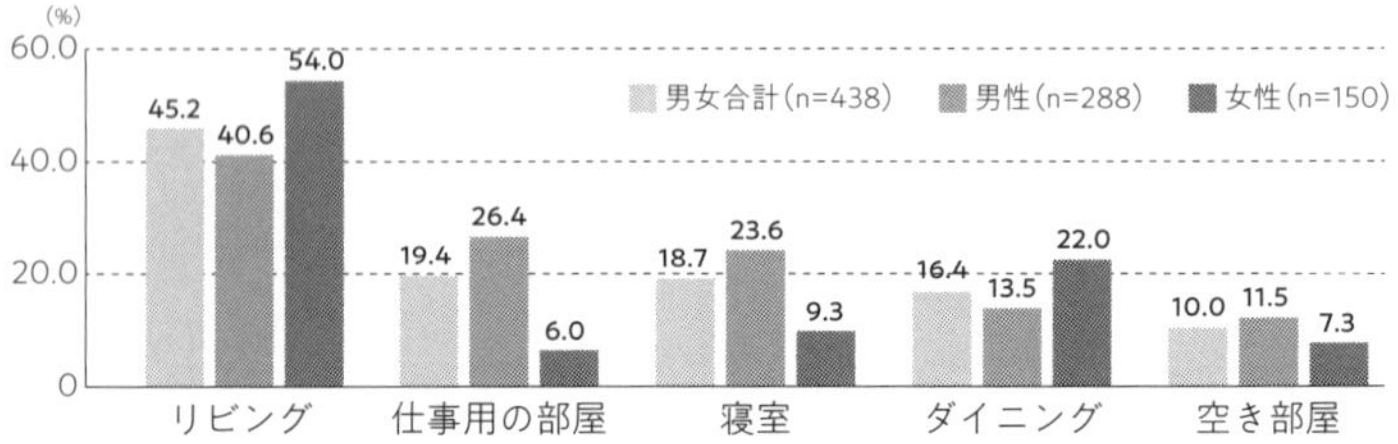

「仕事用の部屋」でテレワークする割合

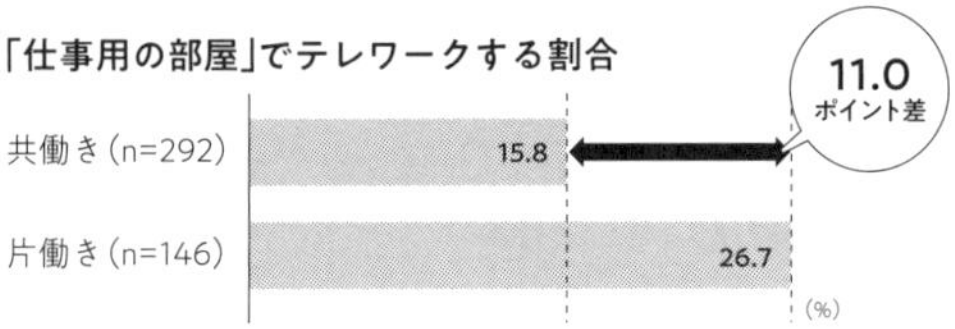

部屋にダイニングテーブル以外の机がない場合、朝起きて就業時間になると、今まで朝食を食べてくつろいでいたダイニングテーブルを、仕事用のテーブルとして活用しなくてはなりません。

そして仕事が終わると、またダイニングテーブルがプライベートでくつろぐ場へと戻ります。しかし多くの人がそのような状況ではリラックスできないと感じるのではないでしょうか。

小さな子供のいる家庭や共働きで双方が在宅勤務を行っているケースなどでは、さらに仕事とプライベートのメリハリを作ることが難しくなります。

そしてこのような生活を続けていくと、だんだん仕事もプライベートも中途半端になってくるような印象を受けるのではないでしょうか。

大和ハウス工業のアンケートによると、自宅内でテレワークをする場所としては、「リビング」（45・2％）が最も多く、次いで「仕事用の部屋」（19・4％）、「寝室」（18・7％）、「ダイニング」（16・4％）の順となっています（右ページ図参照）。なお「仕事用の部屋」があると答えた人は男性では26・4％で、女性では6・0％しかいませんでした。また、片働き家庭では、26・7％が仕事用の部屋でテレワークしている一方、共働き家庭では15・8％と、仕事部屋を確保できている人が片働き家庭に比べて11ポイントも少なくなっています。

さらに自身のテレワークに対しては63・9％が「ストレスを感じる」と答え、配偶者がテレワークすることに対しても57・9％がストレスを感じています。

もう一つ興味深いデータは、自分がテレワークをしていることに対する配偶者の反応です。自身のテレワークに対して、配偶者がストレスを感じていると思うと答えた人は57・8％、子どもがストレスを感じていると思うと答えた人も48・8％に上っています。

一方、テレワークにより「夫婦・家族と過ごす時間が増えた」（54・0％）、「夫婦・家族の会話時間が増えた」（39・7％）と答える人も多く、「子供との会話が増えた」（47・1％）、「子供の成長を間近で見られるようになった」（43・2％）、「子供とより親密になった」（33・4％）が上位に挙げられるなど、自宅に長くいることで家族の絆が強まっている状況も見られます。

こう考えていくと、テレワークでは自分や家族のストレスをどうマネジメントするかという観点が大事であり、そのためには自宅内において仕事とプライベートを切り分けられるよう、必要な場所をきちんと確保し、空間のメリハリを作ることが大きな焦点となってくることがわかります。

そしてもう一つの大事なポイントは、仮に空間のメリハリを確保できたとしても、それだけでは時間のメリハリは担保できないということです。

会社に出社して、社内の会議室を（時には階段を上り下りして）ハシゴするときの移動時間は、これまで私たちの仕事時間の中で一定のウェイトを占めていたのではないかと思います。また暑い夏や寒い冬、あるいは悪天候のときに、オフィスを出て顧客先に訪問することを大変に感じた経験は誰しもあるのではないでしょうか。

しかしそうした移動時間も見方を変えると、忙しい仕事の合間で自分の気持ちをリセットするという点において一定の価値を発揮していて、単なる無駄な時間ではなかったように思います。

一方、在宅ワークでは、すべてのミーティングはオンラインで行われます。Ｗｅｂ会議の切り替えには場所を移動する必要もなく、ＰＣ操作一つで終わるため、ほとんど時間がかかりません。

これは一見、仕事の効率性をとても高めるようにも思えます。しかしオンラインミーティングのリンク先だけ変えて、異なる人々と異なるテーマで、休む間もなく次々とディスカッションをするのは、精神的にはかえって疲れるのではないでしょうか。

実際、時計メーカーのＳＥＩＫＯのアンケートによると、テレワークしている２３７人のうち、73・０％が「時間に追われている」と答え、テレワークをしていない人（62・７％）より10ポイントも高くなっているという調査結果が出されています。

このように考えていくと、在宅ワークではどのようにして時間と空間のメリハリをつけるかが、肉体的にも精神的にも健康に仕事を続ける上での鍵となってくることがわかります。このメリハリをつけるためには限られた自宅の空間の中で場所を変える「余地」、すなわち「あそび」を持つことが大事になってきます。その観点で大事になってくるのが、自宅の物理的な広さと間取りです。

これまでは例えば夫婦だけで暮らしているのであれば、１ＬＤＫあるいは大きなワンルーム、子供がいる場合は２ＬＤＫで十分と考えていた人も多かったと思います。しかしコロナ・ショック以降、プライベートと仕事の時間・空間のメリハリをつけるためには、物理的なスペースがより必要と考える人が増えてきています。

住まいのマッチングプラットフォームサービスを提供するSUVACOが行った調査では、コロナ禍で我が家を振り返ったときに、良かった点の圧倒的な第1位は「居心地の良いスペースや環境によるストレス軽減（48％）」で、悪かった点の圧倒的な第1位は「書斎スペースなど在宅ワークに適した環境の不足（40％）」でした。

住宅のあり方については、後々の章において詳しく考えていきたいと思いますが、一つだけ指摘しておきたいことは、プライベートも仕事も自宅で行うことはデメリットばかりではない、ということです。

移動時間がなくなることでよりプライベートの時間を確保することができたり、また小さな子供がいたり、介護を必要とする高齢者と同居している場合には、非常に有効な働き方の手段となっていくといえるでしょう。

こうしたポジティブな面を見据えつつ、いかにパブリックとプライベートの折り合いをつけるかが鍵となってくるのです。

第5章

遊び方は
どう変わるのか

働き方・学び方の変化の次に考えてみたいのは、
私たちの遊び方の変化です。
この章でも最初にストーリーを読んでいただきたいと思います。

2025年の風景

武蔵小杉から練馬に移住
加奈子の場合

1日のスケジュール

06:00	
07:00	7:00 起床
	7:30 朝食、コーヒータイム
08:00	
09:00	9:00 始業
10:00	10:00 オンライン会議
11:00	
12:00	12:00 昼食
13:00	13:00 テラスへ移動して仕事再開
14:00	
15:00	
16:00	
17:00	
	17:30 終業
18:00	
	18:30 夕食（友人のレストラン）
19:00	
20:00	
21:00	
22:00	

「やっぱり軽井沢は涼しい！」、加奈子は貸しコテージのテラスで家族みんなと朝ごはんを楽しみながら、そう思った。

8月の夏休み最後の週末、加奈子は、家族と夫の両親とともに貸しコテージに泊まることにした。週末といっても土曜に宿泊して日曜に帰るのではない。

加奈子と夫は金曜に軽井沢からワーケーションをする旨の申請を出して、木曜の仕事が終わった後、車に乗り込み、夜に到着したのだった。練馬から軽井沢までは関越《かんえつ》自動車道と上信越《じょうしんえつ》自動車道を使えば2時間程度で行けるので、意外と遠くない。

そして今日、金曜は軽井沢の貸コテージで仕事をして、夕方から土曜にかけてたっぷり軽井沢の休日を満喫するつもりだ。日曜の朝早くに軽井沢を出れば渋滞にもはまらなくて済むだろう。娘は一緒に来た夫の両親が見てくれているので、安心して仕事ができる。

貸しコテージはこぢんまりとした、でも居心地の良い2LDKのログハウスだった。外には広いウッドデッキがあり、そこに皆が座れるテーブルと椅子が設置されている。

加奈子夫婦と娘、そして夫の両親の5人で1泊3万円弱で泊まれるので、3泊泊まっても9万円程度で収まる。一人あたりで換算すると、かなりリーズナブルだ。

朝、早速、夫の両親と娘は軽井沢駅に向かって出かけていった。きっとアウトレットモールで買い物をしてくるのだろう。昼ごはんの材料を買ってきてほしいと頼んでいるので昼前には戻ってくるはずだ。

ログハウスはネット環境などもきちんと整備されているので、仕事をするのに何の支障もない。社内のオンライン会議に参加すると、背景の窓に広がる自然を見た同僚からとても羨ましがられる。言葉では謙遜していても、顔に笑みが浮かんでくるのを隠すことはできない。

昼前に、娘たちがいったん戻ってきた。軽井沢で人気のパンとジャムにソーセージ、そして地場の新鮮な野菜を買ってきてくれたのだ。貸しコテージのテラスに座って、ランチを食べる。それだけでとても豊かで豪勢な気分になれる。

昼からはそのまま外のテラスで仕事をすることにした。気温は東京と比べて7〜8

度は低いだろうか。とても真夏とは思えない涼しさで、通り抜ける風が実に心地よい。

そして夕方になり、外が暗くなってくる頃には、加奈子も夫もその日の仕事が終わっていた。

今日はこれから友人が勧めてくれたレストランに行って、皆で夕食をとる予定だ。明日の午前中は、軽井沢に移住した友人の家に遊びに行く。食材を買い込んで美味しい信州ワインを飲みながら、友人と一緒に手間のかかる料理を作って皆で楽しむのだ。

練馬に住み始めてから車があれば軽井沢が意外に近いことに気づき、年2回は訪れるようになっていたが、行くたびに軽井沢には新しい発見があり、どんどん好きになっていく。

きれいな夕焼けを見ながら、加奈子は明日から始まる楽しさの予感に浸っていた。

遊び方の変化 1

「リアルな体験」を近隣に求める

新型コロナ以降、私たちの遊び方や余暇の過ごし方においても、オンラインの比重が高まったことは先述した通りです。

Netflixや Spotifyなど、オンラインの映像・音楽コンテンツサービスを楽しむのはもちろんのこと、ライブやコンサートなど元々はオフラインで提供されていたコンテンツもまた、オンラインでのサービス提供を模索するようになっています。新型コロナを契機として、余暇の時間をオンライン・レジャーに費やす傾向は引き続き高まっていくでしょう。

その一方で、私たちの遊び方におけるオフライン、すなわちリアルの価値は今後むしろ高まっていくことが考えられます。実際、リアルな体験の価値はオンラインサービスの浸透にもかかわらず、新型コロナ前から高まっていました。その典型例として挙げたいのがプロ野球観戦です。

少し年配の方々でしたら、1980〜90年代のプロ野球の試合で、常に観客が満員なのは巨人や阪神くらいで、その他のセ・リーグ、特にパ・リーグの試合の観客席はガラガラだったことを覚えていらっしゃるのではないでしょうか。

しかしその後、各球団の努力もあって、プロ野球の観客動員数は大きく増加していきます。例えば横浜DeNAベイスターズの2005年の観客動員数は97・6万人でしたが、2018年には200万人と倍増しています。同じく広島カープも2003年に94・6万人だったのに対し、2018年には223・2万人となっています。

私は小さい頃から横浜に住んでいるのですが、昔は比較的簡単に取れていたベイスターズの野球観戦チケットが、いまはプラチナチケットになっていてなかなか取ることができません。

一方、野球の競技人口やプロ野球中継の視聴率が上がっているのかというと、そうではなく、むしろ苦戦しているといえます。

例えば全国の中学生の軟式野球の競技人口は、2006年の約30万人から2016年には約18万人と激減しています。また1983年には巨人戦の年間平均視聴率が27・1%だったのに対し、2020年には約5・6%にまで落ち込んでいます。こうした状況を見ると、野球というスポーツの人気が昔と比べて高まったのではなく、野球場に行くという体験の価値が高まっているというように考えることができます。

そして新型コロナによって人々の行動範囲が狭まる中、こうしたリアルな体験をいかに自分が居住するエリアの近くで得られるかが求められるようになっています。この点に関連してまず挙げたいのが、自分の近隣にある楽しみを再発見する新しい旅のスタイルです。

例えば星野リゾートでは、コロナ・ショック以降、マイクロツーリズムを提唱しています。星野リゾートではマイクロツーリズムを、「遠方や海外への旅行に対し、3密を避けながら地元の方が近場で過ごす旅のスタイル。自宅から30分~1時間程の距離で、安心、安全に過ごしながら地域の魅力を深く知るきっかけになり、地域経済にも貢献します。保養目的で旅館やホテルに行き、温泉や自然散策、料理を楽しみ、活力を取り戻す滞在旅行です」と定義しています。

またマイクロツーリズムの3つのポイントとしては、「地域内観光」「地元の魅力の再発見」「地域の方々とのつながり」が挙げられています。

Airbnbにおいても“Go Near”というコンセプトでキャンペーンを行い、自家用車で1時間半〜2時間以内で訪れることができるような場所でのレジャーにフォーカスしています。

JTBおよびJTB総合研究所が2020年5月に行った調査でも、外出自粛や渡航制限の解除後、「すぐ行きたい」と考える旅行や外出とは何か、という質問に対して上位だったのは、「友人・知人訪問（24・4%）」、「自然が多い地域への旅行（19・3%）」、「帰省（18・0%）」、「居住している都道府県内の旅行（15・7%）」でした。

こうした結果を見ていくと、新型コロナ後のマイクロツーリズムにおいても、3密を回避するという視点は変わらず重視されてくる可能性が高いように思われます。

もちろん映画館、動物園やテーマパーク、あるいはショッピングセンターなど密が生じる可能性が高いレジャー施設で余暇を過ごしたいというニーズがなくなることはないでしょう。しかしその一方で、これまであまり目が向けられてこなかった、有名ではないけれど桜が綺麗な近所の歩道や、車で短時間で訪れることができる近場の自然などの価値にも気づき始める人が増えるのではないでしょうか。

また家族や仲間内だけで集まって別荘を貸し切るなど、知り合いだけで楽しめるアクティビティも人気が高まることが予想されます。

新型コロナ後のリアルな余暇の過ごし方のもう一つのトレンドとして挙げたいのが、ワーケーションです。

ワーケーションとは「ワーク」と「バケーション」を組み合わせた造語で、観光地やリゾート地でテレワークするという働き方です。ワーケーションという言葉が注目されたのは、新型コロナ下の状況においてですが、実はワーケーションの取り組み自体はその前から始まっています。

2019年11月にはワーケーションの全国的な普及を目指す自治体によって構成さ

れるワーケーション自治体協議会が設立され、2021年1月時点で約164の自治体が参加しています。

オンラインワークが新しい日常となり、会社の所在地と働く場所が切り離されるようになると、人々はより自由に働く場所を選ぶことができるようになります。その結果、バケーションに入る前後の日程の仕事をバケーション先である観光地やリゾート地でこなすことも次第に一般化してくることが考えられます。2020年8月に日本トレンドリサーチが1200名に対して行った調査結果では約4割の人が、今後ワーケーションが普及していくのではないかと回答しています。

在宅ワークをはじめとするリモートワークでは仕事とプライベートのメリハリをどのようにつけるかといった部分での難しさがあると言われます。一方、2020年6月にNTTデータ経営研究所、JTB、JALが連携して沖縄のカヌチャリゾートで行ったワーケーションの実証実験では、ワーケーションは公私を分けやすくなることで、仕事の生産性が上がり、メンタルの健康状態の改善につながることが明らかになっています。また、これまで週末や休日に偏っていた国内宿泊ニーズを平準化する仕組みとしても、宿泊施設にとっては魅力的な取り組みであるといえます。さらに、二拠点居住や地方への移住の前段として、今後、様々な自治体が推進すれば、仕事と休暇の両方の側面で魅力的な場所も増えてくるでしょう。

もう一つ、今後の傾向として考えられるのが、プライベートなモビリティ利用の増加です。目先の経済状況ではコロナ禍による新車の販売低迷が現れています。

日本自動車販売協会連合会が発表した、2020年5月の新車販売台数（軽自動車を除く）によると、新型コロナ感染拡大による需要低迷を受けて、前年同月比40・2％減の14万7978台と大幅な減少となっています。この傾向はその後も続き、2020年度上半期（4～9月）の新車販売統計速報値では、前年同期比22・6％減となっています。一方、中古自動車も含めて考えると、また違う景色が見えてきます。2020年6月単月の中古車登録台数は前年比6・1％増の32万7368台と9ヶ月ぶりに前年を上回り、その後も10月を除いて、2020年中は毎月前年比を上回りました。

これらの動きの背景には、景気の先行きが不透明な中での安価な自動車への需要の高まりと合わせて、密な状況での移動を防ぐためのパーソナルモビリティのニーズが高まっている部分もあると考えられます。

またカーシェアの需要も復調しています。カーシェアサービス「エニカ」の発表によると、新型コロナ感染症流行に伴う緊急事態宣言の影響により、4月の流通金額は前年度比43％に減少したものの、6月以降は昨年同月比100％超えで需要が戻ってきているとのことです。また、この需要が戻ってきた背景として「レンタカーと異なり、旅行先より家の近所での利用が多いこと」という分析がなされています。

遊び方の変化2

手間ひまをかけて達成感を味わう

新型コロナ下における余暇の過ごし方の特徴としてもう一つ挙げたいのが、自分で手間ひまをかけて何かを行うことで、達成感を楽しむといった余暇の過ごし方が増えたということです。

先ほどＤＩＹについては述べさせていただいたので、もう一つ、新型コロナ下で人気となったジャンルである料理について挙げてみたいと思います。

料理ブログのポータルサイト「レシピブログ」と料理インスタグラマーコミュニティ「フーディーテーブル」が行ったアンケートによると、自宅で料理をする機会が増えた人は全体の69％に上りました。

そして作られる料理の上位には、短時間で作れる料理と合わせて、手作りのパンやスイーツ（42％）などの他、いつもより手間や時間がかかる料理（33％）が挙げられています。

特にパンやケーキ作りは新型コロナ下においてちょっとしたブームになっていたようです。新型コロナ時代に売れたもののランキングでも小麦粉やホイップクリームはそれぞれ5位、7位にランクインしています。

またパンの材料が定期的に届くcotta社のサブスクリプションサービス「コッタベーカリー」が２０２０年9月にモニター募集を行ったところ、定員の22倍の申し込みがあり、大きな反響があったということです。その他、パン作りが学べるオンライン資格講座「おうちパンマスター」の受講者も、累計４０００名を超え、新規受講者数は前年5月比で3倍となっています。

もちろんこれまでも自分で何かを手作りしたり、料理を楽しんでいた人々は多くいたと思います。しかし、お店やイベントが与えてくれる受動的な感動ではなく、自分の手を使った能動的な取り組みに積極的な価値を見出す人は今後さらに増えていくのではないでしょうか。そして自分の生活を豊かにするために自分の手で何かを作ろうとすることが新たな顕示的価値として尊重される時代がやってくるでしょう。

またこうした余暇活動の新しいトレンドは、やがて私たちの大量生産・大量消費の考え方にも影響を与えることになるでしょう。

限りない成長と刺激を求めて、大量生産・大量消費の社会を維持し続けるのがもう難しいことは、1997年の京都議定書以降、世界各国でずっと論じられてきました。しかし新型コロナ前の世界において取られてきた対策の多くは極めて限定的な範囲に止まっていました。

一方、新型コロナ下における経済・社会活動の強制的な制限は、限られた活動量で社会を維持していく可能性を人々が真剣に模索するきっかけを生み出しました。そしてその模索から得られた気づきは、結果として新しい消費行動をもたらすようになっていくでしょう。

高級品を購入できることや大量に生産・消費できることに価値を見出すのではなく、DIYや手料理のように、ものを手に入れるプロセスや自分がものづくりにどれぐらい主体的に関わったかが価値となる消費スタイルが浸透していったとき、企業もまた完成品の販売量の最大化を図るモデルから、消費者の工夫の余地をどのように残し、消費者による製品のアップグレードやカスタマイズをどのように支援するかというモデルへと変化していくでしょう。

そしてサブスクリプションやメンテナンスなど、長く使うことに価値を持たせ、利益を得るモデルへと変革できない企業は人々のニーズや嗜好に沿っていくことができなくなるでしょう。

遊び方の変化3

大量消費から地域循環消費へ

先ほども少し取り上げた地域での消費や娯楽を大切にする流れは、今後も引き続き強まっていくことが予想されるため、もう少し深掘りして考えてみましょう。

新型コロナ収束後の近い将来、世界規模で広範囲の移動制限をもたらすような災害が起きる可能性は、それほど高くはないかもしれません。しかし日本国内に限って考えたとき、台風や地震などの災害で地域が孤立し、一定期間、自立しなくてはならないというリスクは今後も十分に考えられます。

今回の新型コロナを通じて、多くの人がこれまであまり意識していなかった地域コミュニティの大切さ、すなわち大きな災害が生じたときに相互扶助できることの価値に気づき、今後も予測される災害に備えるための地域活動や、地域経済システムの維持を可能にする地域循環消費に関心を寄せるようになっています。

この点について、ジャーナリストの川島蓉子《かわしまようこ》氏とWWD JAPAN編集長の村上要《むらかみかなめ》氏のインタビューが示唆に富んでいたので一部抜粋してご紹介したいと思います（2020年7月1日朝日新聞デジタルより）。

「自分が住んでいるローカルな町の価値みたいなものを感じるようになりました。表参道や銀座などから、居場所がご近所にシフト。町の人たちとのコミュニケーションが深くなりました。」

（中略）

「僕は派手なファッションが好きだし、普段からちょっと変わった格好をしているじゃないですか（笑）。住んでいるのは、各駅停車しかとまらない横浜の小さな町なので、こうした格好をしていると目立つ。地元の商店で買い物をすることになって、「前々から『一体何者なんでしょう？』と思っていたんです」と話しかけられて会話が生まれたり（笑）、ご飯を食べていた飲食店がテイクアウトだけになってしまった時は、お互いに励ましあったり。

自粛生活で料理もするようになりましたね（笑）。多くの人の幸せの定義が、自粛生活を経てそれぞれ変わってきてますよね。」

こうした地域に根差した消費の中で求められる「楽しさ」や「幸せ」の価値は大量消費をする際に感じる悦楽とは異なるものであるように思います。イギリスの若手経済学者であるSimon Mair氏は「私たちが社会的に公正で、環境的に健全な未来を築こうとするためには、いままでとはガラリと違う経済が必要になる」と言い、そこで求められているのは、「生計を喪失せずに減産していけるシステム」だと主張します。

各地域がそれぞれの地域で必要とする分だけを生産し、生活を回していく。

そうしたある意味、「成長がない」ように見えるけれど、安定してレジレント（＝強靭な）社会システムが逆に価値として考えられる時代がやってくることも考えられるのではないでしょうか。

川島蓉子氏の別の対談において、グラフィックデザイナーの長嶋《ながしま》りかこ氏は成長を前提とする社会に対してこのように述べています（２０２０年６月17日朝日新聞デジタルより）。

「成長を前提にしている社会にいらだつし、そう思われることに焦燥感を感じている自分にもいらだつ。「成長しなきゃいけない病」にいらだつ。それは経済全体も言えると思うんです。経済的成長を支えるべく壊され続けてきた自然環境や、貧困地域を思っても、過度な生産と消費を続けながら成長し続ける必要があるのかなって。」
（中略）
「経済的に成長し続けなければいけない、という前提から、私たちは解放されたほうがいいのではないかと思います。むしろ、それは精神的な成長につながるのではないでしょうか。」

生きることの充実度を評価する基準は新型コロナを契機に、経済的な充足感で生み出されるものから、自分の身の回りの生活価値・体験価値から生み出されるものへと急速にシフトしようとしています。

その大きな変化の先を見据えるとき、私たちはどこを「暮らす」場所として選択していき、どのようなライフスタイルを目指していくのかという視点が改めて重要になってくるのです。

第6章

住み方・暮らし方を考える

ここまでコロナ・ショックによって、
私たちの働き方・学び方や遊び方が
どのように変わろうとしているかについて考えてきました。
ここからはこうした変化が、私たちの暮らし方、
さらには私たちの住まいにどのような影響を与えていくのかについて
考えてみたいと思います。

2025年の風景

下北沢から藤沢へ移住 圭介の場合

1日のスケジュール

	4:00 起床
	4:30 サーフィン
05:00	
06:00	6:10 帰宅
	6:30 朝食
07:00	
08:00	
09:00	
10:00	10:00 ホームセンターへ DIYの買い出し
11:00	
12:00	12:00 昼食
13:00	13:00 DIY
14:00	
15:00	15:30 夕食の買い出し
16:00	
17:00	
18:00	18:00 アーティストの配信ライブを見ながらくつろぐ
19:00	19:30 友人とオンライン＋オフライン飲み会
20:00	
21:00	

圭介が目を覚まし、時計に目をやると朝4時を回っていた。
まだ外は暗いが、もう直に夜は明けるだろう。圭介は妻を起こさないようにそっと起き上がり、サーフボードを持って外に出る。海までは自転車で15分だ。天気の良い夏の日は毎日のように波乗りにいく。

夜が明けるとき、暗く重い色をした海が徐々に明るさを取り戻し、太陽が光の道を作り出す瞬間がある。このマジックタイムは何度見ても感動する。1時間ほど波乗りして、気持ちの良い汗をかいた後、爽快な気持ちで朝6時過ぎに家に戻ると、妻がちょうど起きたところだった。

昨日、自宅で粉から作ったパンを食べながら、今日一日どうやって過ごすかについて会話する。その結果、ホームセンターで木材を買ってきてベランダのベンチを作ってみようということになった。

圭介が彼女と結婚して、藤沢《ふじさわ》市内の中古住宅を購入したのは4年前のことだ。築40年80平米の戸建を約2000万円で購入し、500万円ほどかけて水回りなどをリフォームした。

二人が引越しをしようと考えたのは、二人とも仕事ではオンラインが基本となり、東京本社や顧客先に行くのが月に数日でよくなったことと、お互いの仕事部屋を確保したいということが大きく影響していた。

引越し先を検討した結果、都内ではなく湘南エリアにターゲットを絞ったのにはいくつかの理由があった。まずは圭介が学生の頃に湘南の海でサーフィンをよくやっていたことと、彼女が横浜や鎌倉の街並みが好きで、デートでも度々行っていたことが大きかった。また二人ともベイスターズのファンなので、試合を気軽に見に行けるのもいい点だ。チケットを取るのは大変なのだけど。

自宅を選ぶ際の条件は予算内で一定の広さと部屋数が確保できることだった。そうなるとどうしても築年数が古めの戸建物件になってしまう。しかし基礎がしっかりしている物件であれば、必要な箇所だけリフォームを入れれば、これからも何十年か持つだろう。

3ヶ月ほど物件を探し回って見つけたのが、東海道本線が走る辻堂駅《つじどう》から徒歩15分の場所にある、今住んでいる物件だった。

辻堂からは横浜も鎌倉も、電車で20分ほどで着くし、渋滞さえ回避できれば車だととても近い。ショッピングモールも駅前にあるし、そもそもほとんどの日用品はネットで購入している。そして圭介にとっては何よりも、いつでも波乗りができる海が近くにあることが幸福感を高めてくれる。

建物は平屋だが3LDKのゆったりした間取りだ。ホームインスペクションを入れて建物や基礎などを見てもらったら大きな問題はないことがわかった。

二人が仕事をする部屋を別々に確保できるし、子供が生まれたとしても十分な部屋数だろう。部屋も趣きがあって、とても快適だ。将来、特にダイニングルームはちょっとしたベランダと小さな庭に面していて、暑い夏の日でも夕方になると風が通り抜け、とても気持ちがいい。

その気持ちよさを二人でより楽しむためには、ベンチがあったほうがいい。

家と合わせて購入した中古車でホームセンターへと向かい、木材を購入する。

最近、時間ができたこともあっていろいろなものを手作りするようになった。名の通ったブランドもいいけれど、自分で作ったもののほうが費やした時間だけの達成感があり、愛着や価値も感じる。最近のＤＩＹの出来栄えには妻が褒めてくれることも多い。

夕方になると近所の商店街の八百屋で野菜を買い、魚屋で朝どれのアジを買う。食べ物の鮮度がいいので、簡単な調理でもびっくりするほど美味しい料理ができるから、今までよりもさらに料理をする機会が増えたように思う。

夜、リビングルームでくつろぎながらプロジェクターで好きなアーティストの有料配信ライブを見ていると、近所に移住してきた高校の同級生の達也から遊びに行っていいかと連絡がくる。

20分後、達也が奥さんと到着したので、同じく同級生で今は葉山と東京の二拠点居住をしている博志とＺｏｏｍをつなぎ、オンライン＋オフラインの飲み会を始める。話が盛り上がって、来月は、葉山の博志の家に家族で行ってバーベキューをしようということになった。今からとても楽しみだ。

住み方の変化1

「職場への距離」よりも「住環境の快適さ」を重視

新型コロナ後のライフスタイルやワークスタイルの変化は、住まいが満たすべき機能の拡充を促します。すなわちオンライン化があらゆる分野で進んでいくことで、私たちの住まいは居住するためのものとしてだけではなく、仕事・学習・遊びの場としていかに活用されるべきかについて考えられるようになるのです。

では私たちが生活を行うとき、どれくらいの広さが必要なのでしょうか。実は厚生労働省では、「住生活基本計画における居住面積水準」というものを定めています。

これによると健康で文化的な住生活の基本となる最低居住面積基準は単身の場合は25平米、二人暮らしの場合は30平米となっています。

住生活基本計画における居住面積水準（厚生労働省）

	概要		算定式	子どもに係る世帯人数の換算	世帯人数別の面積（例）（単位：㎡） 単身	2人	3人	4人
最低居住面積水準	世帯人数に応じて、健康で文化的な住生活の基本として必要不可欠な住宅の面積に関する水準		①単身者：25㎡ ②2人以上の世帯：10㎡×世帯人数+10㎡	3歳未満 0.25人 3歳以上6歳未満 0.5人 6歳以上10歳未満 0.75人	25	30 [30]	40 [35]	50 [45]
誘導居住面積水準	世帯人数に応じて、豊かな住生活の実現の前提として、多様なライフスタイルを想定した場合に必要と考えられる住宅の面積に関する水準	[都市居住型] 都心とその周辺での共同住宅居住を想定	①単身者：40㎡ ②2人以上の世帯：20㎡×世帯人数+15㎡		40	55 [55]	75 [65]	95 [85]
		[一般型] 郊外や都市型以外での戸建住宅居住を想定	①単身者：55㎡ ②2人以上の世帯：25㎡×世帯人数+25㎡		55	75 [75]	100 [87.5]	125 [112.5]

（注1）子どもに係る世帯人数の換算により、世帯人数が2人に満たない場合は、2人とする（注2）世帯人数が4人を超える場合は、5%控除される

[ ]内は、3～5歳児が1名いる場合

また豊かな住生活を送り、多様なライフスタイルを想定した場合に必要と考えられる住宅の誘導居住面積水準も併せて定められており、その広さは都市居住型で２人世帯で55平米、３人世帯で75平米となっています。

２人世帯の誘導居住面積水準となる55平米の住宅だと、２ＬＤＫが主な間取りとなります。ＬＤＫが10畳くらいで、６畳程度の部屋が二つある間取りをイメージしていただくと概ね正しいでしょう。

二人暮らしの夫婦がここで寝食を行うだけであれば、確かにこの広さで十分かもしれません。では、この住まいを多機能に使

おうとしたとき、例えば仕事で使う場合はどうなるでしょうか。

ＬＤＫを食事やプライベートなくつろぎのスペースとして利用し、もう一つの部屋を寝室にした場合、あと一部屋が空いているので、そこを仕事スペースとして活用すれば、対応できるようにも思います。しかし加奈子のケースのように夫婦共働きで、かつ二人とも在宅ワークのときは一部屋余っているだけでは難しいときもあるでしょう。

オープンハウス社が新型コロナ下で行ったアンケートによると、住居に求める設備トップ3の1位には、3位のキッチン設備などの充実、2位の物置・収納スペースを抑えて、自宅で仕事・勉強ができる場所が挙げられました。それだけ今の家には仕事をするスペースが確保されていないのです。

ところでなぜ厚生労働省の誘導居住面積水準では、仕事を自宅で行おうとする場合に部屋や面積が足りなくなるのでしょうか。「住生活基本計画における居住面積水準」で想定されている活動は、就寝・学習、食事・団らん、調理、排泄、入浴、洗濯、出入り、収納となっています。すなわち誘導居住面積水準は住まいで仕事をすることを想定せずに定められている基準なのです。

そうすると、ポスト・コロナにおいて住まいに求められている居住以外の機能を満たすためには、この基準よりも10～20平米以上広い場所を確保することが必要になっていきます。

しかし部屋を広くすれば、当然ながらその分家賃は高くなっていきます。

都心で55平米のマンションなら希望のエリアで新築あるいは築浅の物件をなんとか買うなり、借りるなりできたとしても、70平米オーバーになると予算を超えてしまうというケースも出てくるでしょう。

具体的な数字を見ながら、このあたりのことについて考えてみたいと思います。

例えば東京23区で２０１５年～２０２０年の新築販売戸数が最も多かった江東区では、２K～２LDKの平均床面積は54・３平米で平均価格は５４００万円、３DK～３LDKの平均床面積は73・1平米で６８００万円となっています。

約20平米の差で1400万円も予算がアップするのです。

なお仮に5000万〜7000万円の住宅ローンを組む場合、一般的には世帯年収は1000万円を超えているのが望ましいといわれています。厚生労働省が実施している「国民生活基礎調査」（平成30年）によると、世帯年収が1000万円以上の世帯割合は12・2％に過ぎず、多くの家庭にとっては狭き門となるでしょう。

また十分な部屋の広さや数を確保できれば、それで問題が解消されるかというとそうでもありません。例えば小さな子供がいる家庭では、自宅で仕事をすること自体に高いハードルがあるでしょう。

そのような場合は、一つの住居内で部屋をやりくりすることを考えるよりも、自宅の外にスペースを持つという選択肢もあります。

いずれにしても現在はまだ都心に住む利便性を重視し、自分が勤めている会社でテレワークが定着するかもわからないため、都心以外への引越しを躊躇する人が多いと思います。しかしこれからテレワークが世の中の標準になっていけば、より広くて快適な住環境を手に入れるために郊外の住宅へと目が向いてくるのは必然の流れとなるでしょう。

住み方の変化2

「あたらしい、ふつう」を取り戻す

仕事がオンライン中心になってくると、平米数を犠牲にして都心に立地する駅近物件を優先する考え方から、ある程度、駅から離れていても部屋の数、広さや生活環境を優先する考え方を持つ人が増えてくることが予想されます。

駅前のマンションは効率性や利便性においてとても優れている反面、大勢の人が住み、活動するエリアでもあることから、密になる可能性が高くなります。

これまでは密に対してコスト効率性のメリットを感じていたところが、逆にリスク、すなわちデメリットとなってくるのです。

また通勤をしなくてよくなるということは、移動に対する私たちの観念にも変化をもたらすようになります。

例えば都心エリアに勤めるサラリーマンはこれまで、電車での移動を一般的かつ最も効率的な通勤手段として捉えていました。しかし在宅ワークが中心になって電車に乗る頻度が減ってくると、駅周辺に暮らすことの価値が薄れていきます。

また公共交通機関の密を避けるために、自動車での通勤を考えるようになると、駐車場を安価に確保できる場所へと移動していこうという考え方に移っていくでしょう。

こうしたニーズの変化によって、圭介の例のように新築マンションではなくて、中古戸建を志向する流れも生まれてくるかもしれません。例えば、1970〜80年代にかけて、首都圏の私鉄が沿線開発を行い、ベッドタウンとして分譲した住宅やマンション、ニュータウンは現在、高齢者しか住まないオールドタウンと化している場所が多くなっています。しかしこうした古い住宅の持つ広さに注目して、若い家族がリフォームして住むといった動きが増えてくることが予想されます。

このような変化は私たちが住宅を購入する際の最優先の選択基準であった、「新築＋駅から近い」という価値観からの大幅なシフトを示唆しています。

実は不動産に関するこのような価値観の変化は、住宅を宿泊に利用するいわゆる民泊の分野では、少し前から起こりつつありました。例えば私たちがどこかに旅行をして宿泊しようと考えるとき、その選択基準は大きく二つに分かれます。

一つの考え方は利便性の高い物件に泊まるということ。駅前のビジネスホテルはその典型例です。

その一方で、宿泊する場所そのものが目的地となる場合もあります。有名な温泉旅館などは、とても不便な場所にあることも多くあります。しかし、多くの人はそこで滞在すること自体の価値を感じ、わざわざそこまで足を運びます。

こうした温泉旅館については利便性が低い分、宿泊料金が安くなるというわけでもありません。逆に人里離れた場所にあることを風光明媚《ふうこうめいび》という「売り」にして、高い宿泊料金を設定している宿泊施設も数多くあります。そして、たとえ宿泊金額が高かったとしても、その金額に見合う体験を得られるのであれば、人々は喜んでお金を払うのです。こう考えると、同じ不動産でも宿泊施設については自宅を購入するときとは異なる価値基準が働いていることがわかります。

住宅でありながら宿泊施設でもある民泊に宿泊する際も、先程の温泉旅館と同様の傾向が見られます。Airbnbなどの民泊予約サイトで宿泊する物件を選ぶ際、多くのゲストは少し不便な場所にあったとしてもインテリアが素敵な物件や眺望の良い物件、あるいは過去に宿泊したゲストによるレビューがとても良い物件に泊まりたいと考えます。家を貸すことがより一般化してくれば、駅近・新築よりも体験価値を重視する宿泊施設の価値基準が住居にも入り込んでくるようになるのです。その結果、例えば中古住宅市場の観点からみると築年数が古く、駅から遠くて不便なところにある物件が高収益の宿泊物件として再評価されることも、遠くない将来に現実のものとなってくるでしょう。

ちなみにAirbnbは創業当時、"Travel like a human"という言葉を掲げていました。これまでの団体による観光旅行のように、決まった観光名所を訪れて、決まったご当地グルメを食べ、決まったお土産を購入するという、効率性の高い、しかし画一的な旅をするのではなく、初めて訪れる場所であっても、そこに住んでいる人と同じようなローカルの体験ができることに価値があると訴え、そのことが旅行者の心にヒットしたことが、これだけ短期間でサービスが広がった大きな理由の一つなのではないかと思います。
そしてこうした利便性や効率性以外の付加価値、すなわち住まいの体験価値を重視するという視点こそ、新型コロナ後の過ごす時間が長くなった自宅にも当てはまってくると考えます。

ポスト・コロナの時代においては、生活や社会活動の中心が会社から自宅へと移っていきます。そうなったときに大切になってくるのは、駅近や築年数などの住居としての資産価値や効率性など、他人から見た「客観的な価値」ではなく、生きている充実感を自宅および自宅周辺のコミュニティの中で感じ、「人間らしく生きる」ことが可能なのかという「主観的な価値」です。

では私たちはどうすれば「人間らしく生きる」ことができるのでしょうか。それは一言で言うならば、「ふつうの生活」を取り戻すことではないかと思います。

プロダクトデザイナーの深澤直人《ふかざわなおと》氏は私が最も深く尊敬する方の一人ですが、深澤氏は「ふつう」の大切さについて、『デザインの輪郭』（ＴＯＴＯ出版）でこう述べていらっしゃいます。

「アメリカの生活は、（中略）生きるために必要なものが揃っていた。ゆったりとした時間、太陽と爽やかな空気、豊かでワイルドな自然、海と山と畑、適度な都会、混ざり合った文化、知的で創造的な仕事。日本ではいくらお金を出しても買えないものがふつうの生活の中にあった。」

「ふつう」の生活への回帰はこれまでも何度か社会トレンドになっています。「LOHAS」や「ミニマリスト」といったブームも、この「ふつう」に対する希求の延長線上にあると感じます。

そしてコロナ・ショックは、私たちの都市や住居に対する「ふつう」の感覚を改めて見直すきっかけを与えてくれたのではないかと思います。ただコロナ・ショック後の「ふつう」は、新型コロナ前の「ふつう」とも少し異なる、「あたらしい、ふつう」ではないかというように思います。

新型コロナ前の「ふつう」は、人と人のリアルな交流を前提として成立していました。しかし新型コロナ後の「あたらしい、ふつう」はリアルとバーチャルがハイブリットに融合した社会であり、多様なライフスタイルやワークスタイルを許容する柔軟性を有するものへと変わっていくでしょう。

そのとき、私たちが暮らす住宅にもまた、多様性と複雑性が内包されることが求められるようになるでしょう。具体的には、住む場所としてだけでなく働く場所として、あるいは遊ぶ場所として多目的に利用できるような間取りが求められるようになります。さらにはその間取りも容易に変えることができ、ライフステージの変化に伴い部屋を増やしたり、減らしたりすることが可能となるでしょう。また家族以外の様々な人々とシェアすることも想定して、プライバシー、セキュリティを確保した仕組みをあらかじめ埋め込んでおくことも大事になってきます。

こうした暮らしのあり方が、ポスト・コロナのニュー・ノーマル（＝新しい日常）として、中長期に浸透していくことが予測されるのです。

住み方の変化3

垂直都市から水平都市へ

新しい暮らし方が時間をかけて社会に定着していったとき、都市インフラの様相もまた変わってくるでしょう。具体的には、これまで垂直化を志向してきた都市が改めて水平化していくことが予想されます。

ここでもう一度、NHKによる隈研吾氏のインタビュー内容の一部を掲載したいと思います（2020年6月16日NHK「おはよう日本」）。

「今までの建築家とか、建築業界っていうのは〝箱〟をつくることで食ってた。でも、それが結局人間を幸せにしなかったかもしれないっていう、すごい反省をしなきゃいけないと思ったわけですよ。」

（中略）

「20世紀になって、〝箱〟をどんどん積み重ね、超高層の〝箱〟で仕事をするのが一番効率がいい、超高層の〝箱〟を持っている都市が一番かっこいい、新しいみたいな感じで、〝箱〟の中にいたら、効率よく仕事をしているような気になっていたんだけど、実はストレスがすごくいっぱいたまっていた。効率性だって、いまのＩＴの技術をもってすれば、〝箱〟の中に一緒に詰め込まれる必要なんてなくて、むしろ詰め込まれることで不効率のほうが多かったかもしれない。」

（中略）

「やっぱり〝箱〟の外を、まず考えなきゃいけないなって思って。実はそっちの部分のほうが、人間にとってはハッピーな空間で、健康な空間だったかもしれないのに、それは建築以外の部分だっていうふうに、僕らの外にあったわけです。〝箱〟の外っていうと、いままでは庭師の世界だとか、都市計画の世界で「建築士は〝箱〟をつくり続けなさい」っていう古い使命を帯びて、ずっとつくってきた。なにか、自分のことを自分で制限しちゃっていたような気がして…。でも、本当に人間の、地面を歩く人間の視点で都市の空間を考えるとか、道の空間を考えるとか、そういうことをやりたいなっていうふうに思い始めました。」

新型コロナを契機に、自宅の周辺環境との関わりを強める人は徐々に増えています。

株式会社ディー・エヌ・エーの子会社のアンケート調査によると、新型コロナ前には運動の習慣がなかったグループ（2936名）のうち12・3％が「週に数回」運動するようになったと回答したのですが、新たに始めた運動法の中で圧倒的な1位を取ったのは「散歩」でした。

散歩は巣ごもり生活が長引く中で屋外に出たいという欲求の現れと、屋外でも3密を避けて取り組める運動として注目されたのだと思われます。一方、実際に自宅の周りで散歩に出かけると、これまでの日常生活で重視されてきた効率性や利便性とは異なる価値、すなわち都市の水平的な多様性や複雑性の重要性を感じるようになります。

人間の中には論理では割り切れない情緒的な部分、効率性から見ると無駄な部分が確実に存在します。都市が人間に寄り添った存在となるためには、都市の方もまたそのような無駄な部分を内包する必要があります。

効率性だけを考えるならば、高層ビルのフロアに様々なブランドショップや飲食チェーン店が整然と並んでいるほうがいいのかもしれません。

しかし曲がりくねった狭い路地に昔ながらの商店街や個人経営の飲食店が並び、そこで無駄に時間を潰せることが、近隣に生活する人々にとってはとても尊く、生活の変化を生み出し、生活の質を高める力となることがあります。

そしてこうした唯一無二のインフラを持つ地域やコミュニティこそが、「あたらしい、ふつう」が志向される社会においても価値を持ち、さらには私たちのその地域に対する「郷土愛」を生み出す源となっていくのです。

第7章

新しい「住まい」をデザインする

コロナ・ショック後の通勤のない、
「新しい、ふつう」が実現された社会において、
私たちはどのような暮らし方を選べばよいのでしょうか。
また求める暮らし方を実現するためには、私たちの住まいを
どのような基準で選択していけばいいのでしょうか。
これらのことを理解するため、コロナ前の社会において、
どのような基準が住宅選択において重視されていたのかについて
改めて考えてみたいと思います。

新型コロナ前の不動産の価値基準

新型コロナ前の社会において、住まいを選ぶ際の価値基準がどのようなもので、それがポスト・コロナの社会においてどのように変化していくのかについて考えてみましょう。

①最寄駅と、最寄駅からの距離

都心部で住まいを借りたり購入したりする場合、多くの人がこれまで最も重要な基準として考えていたのが最寄駅がどこかということと、最寄駅から住まいまでの距離ではないでしょうか。

平日は仕事場に電車通勤するのが一般的であったため、会社までどれだけ乗り換えを少なく、楽に通勤できるか（乗車時間が長くないか、始発駅から乗れるか、急行が停車する駅なのか）ということが大切にされてきました。合わせて駅からの徒歩圏内にあるかということを住まい選びの最も大事なポイントとして考えられてきました。

例えば2019年度の「新築分譲マンション購入に際しての意識調査」においても、お金をかけてもこだわりたい、かつどうしても妥協できないポイントとして、「日照、採光の良さ」や「災害に強いこと」を抑えて圧倒的な1位だったのが、「駅から近いこと」でした。

②マンション∨戸建による広さの犠牲

利便性の高いターミナル駅から徒歩圏内の物件に住むことを重視する場合、物件の価格や選択肢の多さの視点から、マンションが戸建より優先されるようになります。

マンションは維持・メンテナンスを管理会社に任せられ、オートロックなどセキュリティ面での安心性もあります。また新しい物件ではバリアフリーとなっているものも多く、高齢者になっても安心して居住することができます。

一方、都心部の駅近になると土地の価格が高くなることもあり、マンション1戸あたりの専有面積は戸建に比べると小さくなります。総務省が発表した平成30年住宅・土地統計調査によると、1住宅あたり延べ床面積について、戸建住宅が126・63平米であるのに対し、共同住宅は51・14平米となっています。

このように、これまで多くの人は駅までの利便性を取る代わりに住宅の居住面積を犠牲にするという選択を取ってきたのです。

③新築か否か

駅近のマンションを選ぶ際、多くの方にとって重要なもう一つの視点が、その物件が新築かどうかということです。日本人は新築信仰が強いと言われています。実際、住宅市場に占める中古住宅の割合がアメリカやイギリスでは80％程度であるのに対して、日本では20％程度となっています。

日本では災害が多いことから、耐震基準を満たしているかどうかなどの要件に対する意識は必然的に高くなりますが、新耐震基準を満たしている1981年以降の物件は本来問題ないはずです。まして築数年の物件で心配することはないにもかかわらず多くの人は相対的に割高なケースが多い新築マンションを購入することを望んできました。

ただこうした状況も少しずつ変わってきているようです。

2016年に首都圏で新規供給された新築マンション戸数が3万5772戸であったのに対し、中古マンションの成約戸数は3万7108戸でした。中古成約戸数が新築供給戸数を上回ったのは初めてのことでしたが、この傾向はその後も続いています。この背景には高騰しすぎた新築マンションに手が届かなくなり、相対的に安価な中古マンションに目が向き始めていることも影響していると考えられます。

④資産価値

これまでの住居選択で重視されてきたポイントとして最後に挙げたいのが資産価値

とリセールバリューです。

新築分譲マンション購入に関する意識調査（２０１９年）によると、マンション購入検討理由の第1位として「資産を持ちたい、資産として有利だと思ったから」という理由が挙げられています。

ただリセールバリューに対する考え方は、中古住宅市場が大きい欧米と日本とでは少し様相が異なります。欧米では中古住宅の流通が多く、かつ住宅そのものに価値がつくケースが一般的です。

しかし日本の場合、年数の経った戸建住宅は資産価値がどんどん減少し、土地の価格だけが評価対象となります。一方、マンションについては区分所有による土地の持ち分は少なく、特にタワーマンションになるとほぼ土地代は含まれていませんが、利便性や地域のブランド力によってリセールバリューが決められる傾向があります。その結果、人気エリアの駅近物件などは中古でも価格が上昇するケースも見られます。

実際、東京カンテイによる「駅徒歩時間別マンションPBR（中古マンションの資産性）」を見てみると、徒歩10分以内のマンションは資産価値が高い傾向が見られます。特に駅徒歩1分以内のマンションや駅直結のマンションは、資産価値がほとんど落ちないといわれています。

このように条件の良い新築マンション物件は、将来の値上がりや資産価値の維持を見越せるため、どうせなら新築を購入しようということで選択される傾向が強かったのではないでしょうか。

一方、建物自体のデザイン性や居住性、可変性については、住宅を選ぶ際の優先順位としてこれまであまり高くはありませんでした。

新築マンションポータルサイトＭＡＪＯＲ７（メジャーセブン＝住友不動産・大京・東急不動産・東京建物・野村不動産・三井不動産レジデンシャル・三菱地所レジデンスの7社）が２０１９年に行ったアンケートによると、理想とするマンションのタイプに関する17の質問のうち、不動産・建設会社の信頼性や管理会社・立地に関する項目が上位で評価される一方、「間取りの可変性」は第7位、「建築家やデザイナーの設計によるデザイナーズマンション」は第14位とほぼ最下位に近くなっています。

以上見てきたように、住まいはその居住性よりも、駅からの利便性や現在・未来の資産価値で評価されてきました。また間取りやデザイン性で大きく資産価値が変わることがないこともあり、マンションデベロッパーは、基本的な機能や部屋の間取りをほぼ画一化することで、コスト効率性を上げることを重視してきたと言えます。

新型コロナ後の住まい選びの考え方

市場に供給される住宅物件は先述した4つの基準に基づき、立地の良い新築マンションと、一部の資産価値の下がらない中古マンションだけが注目される状況が長く続いていました。一方、ポスト・コロナの新しい社会システムを中期的に見据えたとき、より柔軟で幸せな生き方を可能にするため、これまでとは異なる選定基準が大事になってくるでしょう。

では私たちはこれからどのような基準や視点で住居や地域を選んでいけばいいのでしょうか。

まずどのような「地域」を選び、どのような「建物」に居住するかということを考える上で、新型コロナ前にはあまり考慮されていなかった1つの大原則として挙げたいのが「分散性」です。分散性とは1箇所に住むことを選択するのか、それとも複数箇所に住むのかについて考えるということです。

現在、多くの人にとって、基盤となる住まいは1箇所のみです。富裕層が保有する別荘を除くと、自宅以外に不動産を保有していてもそれは投資用のマンションであったり、実家が空き家となっているけどそのまま放置しているなど、自身が居住することを想定していないケースがほとんどなのではないでしょうか。

また会社命令による単身赴任を別にすると、二拠点を往復して生活拠点としている人々は日本では非常に少ないのが現状です。少し古い統計になりますが、平成20年の住宅・土地統計調査において、現住居以外に二次的住宅・別荘用として家を所有している割合はわずか0・7％となっています。参考までに海外の例を挙げると、スウェーデンでは、自分自身もしくは家族や親戚が別荘やサマーハウスを所有している割合はおよそ30％と言われています。

これまでは通勤時間の短かさや効率性の観点で、狭いマンションを受け入れてきた人々が、在宅勤務を余儀なくされ、新型コロナ後も週1〜3日出勤が前提となってくると、生活様式を大きく変えるインセンティブを感じるようになります。

一方、都心のマンションでは自宅が果たすべき複数の役割を満たすだけの広さや部屋数を確保することは難しいでしょう。その結果、地方に引越しするのか、あるいは都心と地方の二拠点を確保することで、狭さを解消するような生き方を目指すといった選択肢が考えられるようになってくるのです。

このように述べても、多くの人にとって二拠点居住は予算的に非現実的なものとしてしか考えられないかもしれません。そこで、サラリーマン家庭の限られた予算の中で実際のところ、どれくらい居住形態のバリエーションが可能なのかについて考えてみたいと思います。

①都心部＋都心部の二拠点居住

意外に思われるかもしれませんが、今後の住まい方の可能性として、まず考えられるのは都心部＋都心部の二拠点居住です。

通勤が以前より必要なくなった場合でも、都心部に住むことの利便性を大事にする人は多くいらっしゃると思います。しかし今までの駅近・タワーマンション物件では在宅での仕事を求められた際に必要となるスペースを確保しづらいのも事実です。

そこで出てくるのが、二拠点に分散して、必要な広さや機能を確保するというやり方です。すなわちベースとなる住まいの駅近・築年数を犠牲にする代わり、仕事部屋や趣味部屋を自宅の近隣もしくはオフィスの近くなどの利便性の高い場所に確保するのです。

以前お世話になっていた、東京大学の大月敏雄《おおつきとしお》教授の著作である『町を住みこなす――超高齢化社会の居場所づくり』（岩波書店）では、団地に住んでいる家族の子供が大きくなり、新たな部屋が必要になったとき、同じ建物内の別の部屋を借りるといった行動が見られたということが指摘されています。

昔、『タッチ』（あだち充、小学館）という漫画が流行しましたが、この漫画の中では、主人公の高校生が勉強できるプレハブを敷地内に建てていたのを覚えていらっしゃる方もいるでしょう。都心部に二拠点を置いて活用するのはこのイメージに近いかもしれません。

ただ多くの人にとって、駅近のタワーマンションを保持しながら二拠点目を確保するのは予算オーバーとなるでしょう。そこで主となる住まいは駅からの距離や築年数で妥協しつつ、それ以外に仕事を行うための二拠点目を確保することができれば、生活と仕事の質を高めることができるでしょう（どのように経済面の問題をクリアするかについては後ほど詳しく考えてみたいと思います）。

②都心部＋地方の二拠点居住

次に挙げたいのが、東京都心部や都心に近いベッドタウンでマンションや戸建住宅に住みつつ、自分の故郷である地方や別荘地、あるいは自分の趣味に関係するエリアにもう一つの拠点を持つというやり方です。

二拠点居住のパターンとしては昔からあるオーソドックスな方法ですが、具体的な活用方法は昔と今で、少し異なってくるかもしれません。

二拠点居住というと、昔は、平日は都心部に住み、週末や休暇に地方の住居（＝別荘、セカンドハウス）に訪れるというパターンが一般的でした。しかしテレワークを前提としたライフスタイルが浸透していくと、逆に地方の住居を主な拠点として、都心部の住居は用事があるときのみ利用するというスタイルに変わってくるかもしれません。

また都心部と気候の異なる地域の二拠点居住を行うことで、季節に応じて場所を変えて、快適な生活を送るという選択もあるでしょう。

例えば夏の暑い時期に避暑地の別荘、セカンドハウスで仕事をすることは、多くの人にとって憧れのライフスタイルでしたが、これまでは毎日の通勤があったため、なかなか実現が難しい部分がありました。しかし仕事のリモート化が進めば、利便性の高い都心と、過ごしやすい地方を併用するライフスタイルの現実性がより高まってきます。

一方、都市と地方の二拠点居住の場合、地域が離れていることから片方を利用しているときは必ずもう一方に空きができて利用率が落ちるため、費用対効果で劣るようにも思われます。しかし現在は住宅を民泊として貸し出すための法律も整っているため、使っていないときは民泊等で貸し出すことで、維持費相当分を稼ぐといったオプションを取ることも可能になってきます。

③ベッドタウンあるいは郊外に、広めの一拠点を確保

3つ目に挙げたい居住形態は、都市部から少し離れているエリアに、広い土地と床面積を確保して一つの広い住宅を持ち、居住するという考え方です。

具体的には、鉄道事業者が高度経済成長期以降にベッドタウンとして沿線開発したエリアで、広めの中古戸建・マンションを購入、賃貸することがこれに当たります。

高度経済成長期に開発されたベッドタウンの中には人口減少に伴う空き家が目立ち、シャッター商店街になって商業活動も廃れてきている場所もあります。ただその一方で、世代交代がうまく進み、街並みもきれいに整備・維持されている場所も多くあります。

ベッドタウンに住むことについては以下のようないくつかの利点があります。

●一般的に都市部よりも生活コストが低いため、生活の質を担保しやすい
●街並みがしっかりして、道路や公園などのベースインフラが整っている
●特色のある個人店があり、生活の変化を生み出せる
（起業コストが抑えられるのも個人店が多い理由）
●地域によっては都心部とリゾートエリアの双方と適切な距離感となりアクセスしやすい

いまだ活気を残しているエリアを選択し、良い中古物件を探して購入・リフォームしたり、賃貸したりすることで、暮らしや仕事を快適に行う環境を整えることも有効な選択肢として考えることができるでしょう。

④田舎のみに拠点を持つ

最後の選択肢は、田舎や別荘地に移住してしまうパターンです。

例えばサーフィンが趣味であれば海の近くに、山登りなどが趣味であれば山の近くに居住し、都心で仕事があるときはホテルや民泊などの宿泊施設を利用して安く済ま

せるというライフスタイルがこれに当たります。

地方への完全移住にはメリット、デメリットの双方があり、特にデメリットについては十分に理解しておくことが大事です。

まずメリットについてですが、軽井沢、箱根・伊豆エリアなど、観光地として人気のエリアに住居を構える場合でも、新築・駅近にこだわらなければ都心に比べてかなりリーズナブルに購入・賃貸できるケースが多くあります。また軽井沢などの観光地は別として、地方の方が生活コストも安く上がるでしょう。

一方、多くの地方は東京まで出てくるのにそれなりの時間がかかります。軽井沢や三島などは新幹線交通が整備され、都心に出るのにも便利ですが、ほとんどのエリアは都心に出るまで相応の時間がかかります。また交通費も割高になるため、会社が交通費を認めてくれるか、あるいは東京の本社に行く機会がかなり限られて普段は在宅ワークでOKといった職場でないと、現役世代の移住は厳しいかもしれません。

地方はスーパー・病院などの生活インフラが徒歩圏内になく、自家用車がないと不便な場合もあります。したがって、高齢になってから土地勘や人とのつながりのないエリアへ移住すると、将来、車に乗れなくなったときに困るかもしれません。また歴史があり、古くから居住する人が多い地域は近所付き合いが難しいケースもあります。

ただこうした状況を考慮に入れてもなお、特定の地方に魅力を感じ、そこに移住したいと考えるのであれば、田舎にのみ拠点を持つという選択肢も十分に考慮に値するものであると言えます。

新しい住まい選び1

地域・建物選びのための5つの基準

以上述べてきたポスト・コロナの住まい方の4つのパターンを念頭に置きながら、今後、居住する地域や住まいを選択するための5つの基準についてご紹介したいと思います。

基準① 仕事場との距離感

ポスト・コロナの時代においても、仕事場との距離感に関する考慮は外すことのできない重要な要素となるでしょう。

ただ新型コロナ前の状況と異なるのは、オフィスから近ければ近いほどいいという視点から、仕事と暮らしのワークライフバランスに対する個々人の価値観に基づき、適切な距離感を設定することが大事になってくることです。

ちなみに、新型コロナ前の社会で、私たちはどれくらいの時間を通勤に費やしていたのでしょうか。総務省が行った平成28年度社会生活基本調査によると、10歳以上の通勤・通学の平均時間のトップを1都3県が占めており、それぞれ1時間34分〜1時間45分となっています。

通勤よりも私立中学・高校の通学時間の方が長い傾向があるため（これはこれで問題ですが）、都心部に居住するサラリーマンの平均通勤時間は概ね1時間程度なのではないかと推測されます。

ここで問題になってくるのは、出社の頻度が低くなったとき、どこまでの移動時間を許容できるかです。正直なところ、その感覚は人によって大きく異なると思われます。

仮に都心部の企業の多くが週に1〜2日の通勤で十分となり、通勤人数が社会的に減ったことで、通勤ラッシュ等も緩和されるようになったとします。そのときにはもう少し長い通勤時間、例えば90分～１２０分程度であっても十分に許容範囲だという人も出てくるでしょう。

しかしその一方で、電車に長時間乗る習慣がなくなって、満員電車にもう耐えられなくなり、会社の近くに引越したいと考える人も出てくるでしょう。ただ限られた年収で会社の近く、すなわち都心で一定の広さの住居を確保するためには、それなりの方策が必要になります。

また勤務先の企業が近隣のコワーキングスペース活用を認める場合、仕事場との距離感の感覚も大きく変わってきます。その場合は、本社との距離ではなく、自宅近くのコワーキングスペースとの距離を考えればよくなるので、選択肢が大幅に広がります。

その他、二拠点居住を考える場合は、二拠点目から会社に通勤する可能性があるのかについても考えておくとよいでしょう。普段から生活の拠点として二拠点目を利用するのか、それとも二拠点目は仕事とは全く切り離して利用するのかによっても考え方は異なってきます。前者の場合は仕事場との距離を意識する必要がありますが、後者の場合は、例えば東京で基本は住み、働きながら、沖縄に別荘・セカンドハウスを構えるという考え方も可能になります。

このように新型コロナが収束したとき、会社がテレワークに対してどのようなアプローチを取るのかを踏まえた上で、仕事場と自分が拠点とする場所との距離感について考えることが大事になります。

基準② 生活の利便性

仕事場と住まいの距離感について自分なりの基準を持つことができたら、会社の仕事場を中心としたどれくらいの半径まで、自分の住む場所を広げられるのかを決めることができます。

ポスト・コロナの住まい方について考えたとき、生活の質を担保するためには自分が住もうとしている建物の内部だけを見てはいけません。むしろ、その建物が立地する場所の周辺環境や利便性を評価し、地域に住むという感覚を持つことが重要になってきます。

新型コロナ前にも、スーパーが近くにあるか、あるいは学校や病院は近いかといった視点で住居を選ばれていた方が多くいらっしゃると思います。生活インフラは暮らしの利便性を高める観点で、もちろんとても重要なのですが、より幅広く、網羅的かつ総合的に住まいの周りに何があるのかについて観察する姿勢が大事になってきます。

不動産が立地している地域環境から生活の利便性を評価するという観点では、不動産情報サイトなどが発表している「住みたい街」ランキングなども同様のことを行っていると言えます。しかしこうしたランキングの多くは区市町村単位で評価を行っているため、同一市町村内でも実際にはエリアによって居住しやすさに大きな差があります。また人によってライフスタイルが異なる以上、万人にとってベストな居住エリアというものも存在しないでしょう。

そこで自分が居住を考えているエリアが、自分にとって利便性が高いかを簡便に評価する方法として、本書では「1：10：100の法則」をご紹介したいと思います。

「1：10：100の法則」の最初の「1」は、住居から1キロ圏内、すなわち徒歩10～15分でアクセスできる場所や街の環境について理解をするということです。

徒歩10分～15分圏内にある場所は、そこに行って用事を済ませて帰ってくるのに（もちろん用事の内容や混み具合にもよりますが）概ね1時間以内で終わる場所となります。日常的によく利用する施設やインフラがこの1キロ圏内にあることが私たちの暮らしやすさに大きな影響を与えます。

1キロ圏内にあってほしいものの筆頭に挙げられるのが、生活に関わるインフラでしょう。スーパーやコンビニなどの商業施設、銀行や小中学校、病院などがこれに当たります。

「1：10：100の法則」の「10」とは、自動車、バイク、バス、電車など、あなたがメインで使う交通手段を使って10分程度で到達できるところに何があるかということです。

10分圏内にまず求めるインフラは、必要最低限の生活を送る上では必ずしも必要ではないが、豊かな生活を送る上では必須だと考えられる施設です。

何が必須の施設と考えるかは人によって大きく異なります。本屋やカフェが必要と考える人もいるでしょうし、リーズナブルな飲食店や飲み屋が多いことを重視される人もいるでしょう。あるいは公園などの憩いの場があることが大事と考える人も多いと思います。運動が好きな人はゴルフの練習場やテニスコート、あるいはスポーツジムなども入るかもしれません。

また訪れる頻度は少ないかもしれませんが、総合病院やコンサートホールなどの施設についても10分圏内にあってほしい施設として挙げる人も多いでしょう。

そしてコワーキングスペースでの仕事が許されている人にとっては、コワーキングスペースへのアクセスが10分程度だと非常に利便性を感じるでしょう。

最後に、「1：10：100の法則」の「100」とは自動車や電車を活用した100分圏内のエリアにどのような場所があるかということです。

観光スポットやアミューズメント施設、山や海、あるいは温泉などが概ね100分圏内にあると、週末の休みや長期休暇の際の楽しみ方の選択肢を広げることができます。

なかでも自分がとても大事にしている趣味や余暇の行動があり、それが特定の場所と紐づいている（丹沢の山、湘南の海、箱根の温泉など）場合は、その場所との距離感は、住まいを選ぶ際のとても重要な要素となるでしょう。

その他、100分以内に訪れたい場所の中には、普段なかなか戻ることができていない故郷や両親・兄弟・親戚が住んでいる場所を入れたいと考える人もいらっしゃるでしょう。

このように住まいを起点に、小生活圏～中生活圏～大生活圏という視点でどのような場所にアクセスできるのかについて把握することは、タワーマンションを中心とした垂直型都市のライフスタイルから、地域を中心とした水平型都市のライフスタイルへの変換を意識するという観点でも大きな意義を持ちます。

基準③ 徒歩圏の幸福度

1：10：100の法則の中で特に重要なのは、1キロの徒歩圏内と自分のライフスタイルの親和性です。

具体的には、都市を構成する様々な要素のバランス感が、自分が求めるバランス感とフィットするかということを、1キロ徒歩圏内を歩いたときの幸福度で判断するのです。

例えば、生活においてどれくらい人工的なものを求め、どれくらい自然なものを求めるかは人によって大きく異なります。都会での人工的な刺激を求める人が田舎暮らしをするのは退屈するでしょうし、逆の場合はストレスが溜まることになるでしょう。

きれいな街並みや自然を求める人と、裏道に佇む居酒屋やナイトライフを求める人が住むべき街は当然ながら異なってくるのです。

そして自分が住もうとしている場所が、自分にとって最適なバランスを持っているかどうかを判断する一番手っ取り早い方法が、その不動産を拠点として、1〜2時間、歩き回ったときに自分がどれくらい幸せを感じるのか試してみるということなのです。

最近のテレビでは、様々な街を散歩する番組が人気となっています。これらの番組が人気である一つの理由は、自動車などで高速に移動するときには見えなかった街の魅力が、歩くという移動速度において浮き上がってくるからではないでしょうか。

実際に住もうとしているエリアを歩き回ると、自分と街の親和性があるかということを肌で感じ取ることができるようになります。特に目的を定めず、足の赴くままにぐるっと回ったときにどのような発見があるのか、自分が立ち寄って時間を過ごして楽しむことができる空間がどれくらいあるのか。これらのことを直感的に把握し、その街が好きか嫌いかをロジックではなく感情で捉えることが大事になってきます。
もう一つ、街歩きにおいて大事なのは、その街の複雑性や奥行きを理解するということです。
小島寛之《こじまひろゆき》氏が経済学者の宇沢弘文《うざわひろふみ》氏と間宮陽介《まみやようすけ》氏の研究について論じた文章の中で、以下のようなことを語っています（２００８年１月４日小島寛之の「環境と経済と幸福の関係」）。

「都市設計者が陥りがちな誤りは、安易な「機能優先の合理主義」で都市を設計してしまう、ということだ。どういうことかというと、物理的な時間や物理的な空間だけを尊重して設計するなら、「道はまっすぐなほうがいい」、「道路は格子状がいい」、「区域はオフィス地帯、工業地帯、商業地帯、住宅地帯などのように、機能別になっていたほうがいい」、などと推論しがちであるが、これが誤りなのである。」

そして魅力的な都市の備える要件として、都市学者のジェーン・ジェイコブスが唱えた都市の四大原則を紹介しています。

①街路はせまく、折れ曲がっていて、各ブロックが短い
②町には、古い建物が多く残り、そのつくり方も様々な種類の建物が混在する
③各地区は必ず2つ、あるいはそれ以上の働きをする多様性を持つ
④人口密度が充分高くなるように計画する

人口密度に関しては、ポスト・コロナの時代においてはまた異なった考え方が求められるかもしれません。

しかしすべてが整然と区画された直線的な街並みではなく、歩くたびに新たな発見を得られたり、迷い込める場所や逃げ場所が街の中にあらかじめ組み込まれていることが、ポスト・コロナの社会において街の魅力を判断する際の重要な要素となると考えられます。

基準④ 収益性

地域を特定し、不動産の候補を絞り込むことができたら、次に考えるべきなのは、

候補となる不動産がどれくらいの収益性を上げることが可能かということです。

収益性というと、多くの人はリセールバリューをイメージすると思います。リセールバリューとはその場所に一定期間住んだ後、仮に売却する場合、どれくらいの資産価値を見込めるかということです。

したがって、ある住まいに居住している間にリセールバリューを得ることは、自宅を担保にしたリバースモーゲージのような特殊な仕組みを使わない限りできないでしょう。また賃貸物件に住んでいる場合は収益性など関係ないと思われる方も多いと思います。

一方、本書で考える収益性とは、居住場所として利用している「間」に、どのような収益を上げられるかという視点で考えます。

例えばみなさんが二拠点居住を行う場合について考えてみましょう。生活の場と仕事の場の二つを維持することは、金銭的に難しいと感じる人が多くいるかもしれません。

しかし別荘・セカンドハウスを保有して二拠点を実践している場合、二つの不動産を同時に利用することはあまりありません。片方の物件を使っているときは、もう片方の物件は使われていないのです。

そこで自分が不在で使っていない住まいについて、時間貸や民泊で貸し出すことができれば、家賃や維持費の負担を減らすことができ、二拠点居住を保有するハードルを下げることができるのではないかといえます。

実際の例についてご紹介したいと思います。

エンゼル・ひまわりグループは、2018年6月に施行された住宅宿泊事業法（民泊新法）等を活用して、民泊・貸別荘・マンスリー賃貸等による「リゾート不動産のシェアリング事業」を新潟県南魚沼郡湯沢町《ゆざわまち》のリゾートマンションで開始しています。

湯沢町のリゾートマンションの多くはバブル期に建設されたものであり、建物の老朽化、定住者やリゾート利用者の減少、管理費や修繕積立金の滞納等、多くの課題を抱えていました。

こうしたマンション物件をオーナーが利用するだけでなく、民泊物件として貸し出すことで、時期によっては1ヶ月の稼働率が70%となっている部屋ができたり、ロンドンブーツ1号2号の田村淳《たむらあつし》さんが民泊運営を始めるなど、新しい価値を生み出しています。

エンゼル・ひまわりグループはこの取り組みによって第7回新潟ニュービジネス大賞を受賞しています。このように別荘を収益物件として見直してみることで、新たな価値をそこに見出すケースもこれから増えてくるのではないかと思います。

民泊については、実施可能な物件の基準や日数が国によって定められています。また自治体によっては、貸し出しできる曜日や日数の上限規制を強化しているところもあります。もし自分の選んだ不動産で民泊等の貸し出しを行いたいと考える場合は、法的な規制も確認することが大切になってくるでしょう。

基準⑤ 柔軟性

建物の要件として最後に挙げたいのが柔軟度です。

柔軟度とは、ライフステージに応じて暮らし方や働き方が変化したとき、住まいのレイアウトや活用の仕方について、どれくらい融通を効かせることができるかということです。

まず部屋の柔軟度という視点で考えたいのが、部屋の用途変更や部屋数の変更をどれくらい容易にできるかということです。入居時は大きなワンルームとして利用していた部屋を、子供が大きくなってきたのでその一角を区切り、子供部屋にするといったことがこれに当たります。こうした変更を行うためには、ある程度の空間や余白が必要になるでしょう。

柔軟性という観点でもう一つ挙げたいのが住居を購入するのか、それとも賃貸にするのかということです。自分がある地域に惚れ込んでいて、その地域で生きていくことを心に決めたのであれば、良い物件を探して購入するという選択肢もあるでしょう。

一方、自分が住みたいエリアについて明確なイメージを持てていない時や、二拠点居住を行うときのサブ拠点に関しては、急いで住居を買わずに賃貸やマンスリーを選択するほうがいいかもしれません。

またこれまであまり縁のなかったエリアでの居住や別荘購入を検討する際に、まずはAirbnbなどの民泊を活用してみるというのも有効な手段です。居住を考えているエリアの物件に1週間〜1ヶ月単位で予約を入れ、試しに住んでみると、居住環境が想定通りだったのかということを確認することができます。

新しい住まい選び2

物件選びのための2つの視点

ここまで述べてきた5つの基準に沿って地域を特定し、物件探しを始めたら、複数の候補物件が出てきたとします。では様々な築年数や床面積を持ち、かつ間取りや設備の異なる物件の中から、いかにして自分に合う物件を見つけ出せばよいのでしょうか。

住まいの間取りや設備のうち、何を重視するかは人によって異なります。とにかくリビングは広いほうがいい、お風呂とトイレは別々がいい、キッチンは食洗機がついてないとダメだなど、人によって譲れない点はマチマチだと思います。

個別の設備やスペックの比較を始めたらどの物件も一長一短で、泥沼にハマった結果、なんとなくその場の雰囲気で物件を決めてしまった、という経験を持っている方もいらっしゃるのではないでしょうか。

そこで本書では住宅を選ぶ際に私たちが考えるべき二つの大きな視点についてご紹介したいと思います。それは機能的な視点と情緒的な視点です。

視点① 機能的な視点

機能的な視点とは、私たちの生活を構成する、Relax、Eat、Play、Work、Learnという5つの主要機能と、Buy、Earnという二つの補助機能を、住まいがどのように満たすかについて考慮することです。これらの機能の詳細と、その機能を満たすために必要な設備は次のようなものとなります。

5つの主要機能

(生活する上で必要となる機能で、かつポスト・コロナの社会においては、住まいで行うことが求められる機能)

Relax：睡眠、あるいは日常を過ごすための生活の基本機能
→ダイニングテーブル、ベッド、水回り、テレビ、ＰＣ、本棚、収納など

Eat：食事を作り、あるいは飲食をする場としての機能
→キッチン、ダイニングテーブルなど

Play：遊んだり、運動するための機能
→ゲーム機、ＰＣ、音響機器、本棚、キッチン、ヨガマットなど

Work：仕事や作業を行うための機能
→ＰＣを置くデスク、仕事用の椅子、書類入れなど

Learn：学習を行うための機能
→勉強机、椅子、本棚など

２つの補助機能

（生活する上で必要となる機能だが、住まいで行うことは必須ではない機能）

Buy：生活していく中で、必需品あるいは贅沢品を購入するための機能
→オンラインショッピングを可能にするためのインフラ（ＰＣ、Ｗｉ‐Ｆｉなど）

Earn：生活するために必要なお金を稼ぐための機能
→自宅で民泊を行う場合は、住まいが対象となる場合あり

新型コロナ前の社会において住宅に求められていた機能は一般的にRelax・Eat・Playの３つでした。一方、ポスト・コロナの社会では住まいの主要機能として位置づけられているWork／Learnに関しては、新型コロナ前には住まいの補助的な機能としての位置づけで考えられていたケースがほとんどだったと思います。

したがってこれから私たちが物件をチェックする際には、部屋ごとにどのような形で機能のゾーニングを行うのか、特に今まであまり考慮してこなかったWork／

Learnの場所をどのように確保するのかについて考えることが大事になります。また各ゾーンの機能に関連する設備を置けるだけの、必要な広さを確保できるかをチェックしていくことも大事になってくるでしょう。

なお機能ごとに必要とされる設備は、住人の個性で違いが生じる部分でもあります。例えばオーディオが趣味の人であれば、Relaxあるいは Playの場で、大きく、かつ重量のあるスピーカーを設置しても問題ないスペースと部屋の遮音性等を確保しなくてはならないかもしれません。

Workの機能を自宅内で確保するとき、どれくらいの設備が必要かという部分も、個人差が出る部分かもしれません。ワークテーブルや椅子についても簡易的なものでいいと考える人もいるでしょうし、オフィス仕様のしっかりしたものを求める方もいるでしょう。またワークスペースの近くに仕事の書類を収納できる棚を確保したり、プリンター等の機器を置きたいと考える人もいるでしょう。こうした要望をあらかじめ整理しておくと、自分が新しい住まいにおいて、どのようにスペースを使いこなせるのかという具体的なイメージを内見時に湧かせることが可能となります。

なお住居に求められる機能が新型コロナ前・中・後でどのように変わり、その結果として、間取りの使い方はどのように変わっていくのかについては、重要な部分となりますので、後ほど詳述していきたいと思います。

視点② 情緒的な視点

そしてもう一つ、住居物件を選ぶ際に大事になってくるのが情緒的な視点です。

住まいは私たちが人生の多くの時間を過ごす場所であり、どれだけその住まいに愛着を持てるかは人生の幸福度に大きな影響を与えます。ポスト・コロナ以降、自宅で過ごす時間がさらに長くなることによって、住まいに対してどのような情緒的価値を感じるかということがさらに重要になってくるでしょう。

では新しく住まいを選ぶとき、その住まいに愛着を持てるかどうかをどのように判断をすればよいのでしょうか。まず大事なのは、ピンとこない、あるいはなんとなく嫌な感じがする物件については、機能的な基準を仮に満たしている場合でも選ばないということです。

私たちが物件を内覧する際にかけられる時間は、1件につき1回あたりせいぜい30分〜1時間程度でしょう。

チェックリストを準備して、どれだけ念入りに物件を確認したとしても、短時間でのチェックには必ずモレが生じます。また生活音や日照の状況などは、内見の時間帯によっては確認できないことがあります。

さらに新築マンションを購入する場合などは、物件が完成する前に、図面だけを見て、購入するかどうかを決めなくてはならないケースがほとんどです。

すべてのことを事前に確認することが難しい以上、頼りになるのは私たちの直感だけです。物件を見て何かがピンとこないとき、その裏には時間が経てばわかってくる課題が隠れています。

根拠が曖昧な直感に頼ることに、不安を感じる方も多くいらっしゃるかもしれません。しかし例えば、藤井聡太棋聖の活躍で最近人気の将棋などもそうですが、論理的思考の究極形ともいえるＡＩが、人間の直感を超えることができるようになったのは、ほんのここ数年のことです。

ＡＩは取りうる手を論理的に、しらみ潰しに読むことで最善手を導き出します。一方、人間のプロ棋士は過去の対局経験で磨いた直感をもとに選択肢を絞り込み、その絞り込まれた手の妥当性を検証するアプローチをとっています。しかしその直感に基づく手は、ものすごい計算処理能力と電力消費から導き出される解をつい最近まで上回っていたのです。

住居を探すためいろいろな物件を見ていくと、自分にとって良い物件の基準点が無意識のうちに確立されるようになります。ある物件が良い、悪いという直感は、自分の中に作られたこの基準点と無意識下で比較・検討した結果であり、その根拠が言語化されていなかったとしても、案外信頼していいということを心に留めておいていただくとよいでしょう。

ではなんとなく良さそうだと思う物件が複数出てきたが、機能面や価格面を比較すると一長一短があるといったとき、どのような選択を行うとよいのでしょうか。

ここで少しジャンルが異なりますが、私がお世話になっている小《こ》山《やま》薫《くん》堂《どう》氏率いるオレンジ・アンド・パートナーズ社が仕事を引き受ける際の基準についてご紹介したいと思います。
オレンジ・アンド・パートナーズ社では仕事を引き受ける基準として、以下の3つを挙げています。

「その仕事は新しいか？」
「その仕事は楽しいか？」
「その仕事は誰を幸せにするか？」

この問いの「仕事」という言葉を「住まい」という言葉に変えると、そのまま私たちが物件の情緒的価値を評価する助けになります。

まず「その住まいは新しいか？」という質問について考えてみましょう。この質問の意図は築年数が新しいかということではなく、その住まいに住むことで、自分あるいは家族が新しいライフスタイルやワークスタイルをイメージできるかというところにあります。

今まで住んでいた場所を離れて新しい住まいに移転するとき、その人には何らかの新しさへの希求があると考えられます。もし現在住んでいる場所や、その場所でのライフスタイル・ワークスタイルに問題や不満を感じていない場合、突然の転勤のような外的要因でもない限り、人はあえて住居を移動しようと思うことはないでしょう。

移転のきっかけは親元を離れての一人暮らしであったり、結婚をきっかけとした同居だったり、家族の増加や減少によるものかもしれません。しかしどのような動機やきっかけで行われるにせよ、移転によってライフスタイルやワークスタイルが何らかの方向で改善されることを、その当事者は望んでいるはずです。そうした期待を満たしてくれそうな何かを、新しい住まいは持っているかについて直感的に判断するのが、この第一の質問の意図するところとなります。

次に挙げたいのは、「その住まいは楽しいか?」ということです。

その住まいで時間を過ごすことに喜びを感じられそうか、自分や家族がその住居で楽しく団欒しているイメージが湧くかどうかはとても大事な要素となるでしょう。

人によっては、自分の趣味の部屋などプライベートで楽しむ場所を住まいの中に確保できるかということが大事になるでしょう。また楽しさについて考える場合は、住まいの外にある周辺環境も考慮したほうがよいときもあります。

例えばサーフィンをする人にとっては、家のすぐ近くにサーフィンができる海があるというのは魅力的な要素になるでしょう。あるいは飲み歩くのが好きな人にとっては自分が行きつけの、あるいは行きつけにしたい飲み屋が近くにあることが大事になってくるのではないでしょうか。

このように自分が楽しく過ごしているイメージを、住宅およびその周辺環境からどれくらい想起できるかが重要なポイントとなってきます。

そして最後に挙げたいのは、「その住居は誰を幸せにするか?」ということです。住居において大切なのは、そこに住んでいる自分と家族がどのような幸せを感じることができるかということです。

幸せのポイントもまた、人によって様々です。例えば家族が団欒している瞬間に幸せを感じるという人は多くいらっしゃるでしょう。あるいは一仕事を終えて、椅子に座ってコーヒーを飲むことに至福を感じる人もいらっしゃるのではないでしょうか。

また細かい話になりますが、住居にいる時間の幸福度を高める視点では、インテリアや家の造作、光の入り方などもとても大切なポイントになってきます。自分のお気に入りの家具やインテリアを置くことができれば、それは私たちに大きな幸せをもたらすものとなるでしょう。

もう一つ、見落としがちであるけれど大切なのは、普段その住居に住んでいない人にとっての幸せを設計するという視点です。

例えば遠方に住んでいる両親や親族が家に訪れたときに心地よく過ごすことができるのか。友人が訪れて家で飲み会をするときに、プライベートな動線との切り分けがうまくいくかどうかといったことは、これらの機会が多い人にとっては重要なポイントとなるかもしれません。

第8章

新しい「暮らし」をデザインする

住居をどのように使うかについて考える際に大切なことは、
私たちの生活の機能にどのようなものがあり、
それらの機能を住居のどのエリアで
担わせるかを整理していくことです。
本章ではこれらの点について具体的に考えていきたいと思います。

「新しい日常」に合った暮らしを考える

前章ではポスト・コロナの住まいが持つべき5つの主要機能と2つの補助機能についてご紹介しました。本章ではこの詳細について論じていきますが、まずはそれぞれの機能について再掲しておきましょう。

「5つの主要機能」

（生活する上で必要となる機能で、かつポスト・コロナの社会においては、住まいで行うことが求められる機能）

Relax：睡眠、あるいは日常を過ごすための生活の基本機能

↓ダイニングテーブル、ベッド、水回り、テレビ、PC、本棚、収納など

Eat：食事を作り、あるいは飲食をする場としての機能
→キッチン、ダイニングテーブルなど

Play：遊んだり、運動するための機能
→ゲーム機、ＰＣ、音響機器、本棚、キッチン、ヨガマットなど

Work：仕事や作業を行うための機能
→ＰＣを置くデスク、仕事用の椅子、書類入れなど

Learn：学習を行うための機能
→勉強机、椅子、本棚など

「2つの補助機能」

（生活する上で必要となる機能だが、住まいで行うことは必須ではない機能）

Buy：生活していく中で、必需品あるいは贅沢品を購入するための機能

↓オンラインショッピングを可能にするためのインフラ（PC、Wi-Fiなど）

Earn：生活するために必要なお金を稼ぐための機能
↓自宅で民泊を行う場合は、住まいが対象となる場合あり

これらの機能が、新型コロナ前・中・後で、住まいや仕事場などでどのように果たされ、どのように変化していったのかについて考察していきましょう。

新型コロナ前の日常

私たちの生活の機能を満たす場所の変遷について、都心に住むサラリーマンの典型的な生活を例にとって考察してみたいと思います。

まず新型コロナ前の日常生活について、もう一度振り返ってみましょう。平日、私たちは毎日自宅から駅に向かい、電車に乗って通勤して、都心にある会社で仕事をするという行動を取っていました。

新型コロナ前の日常

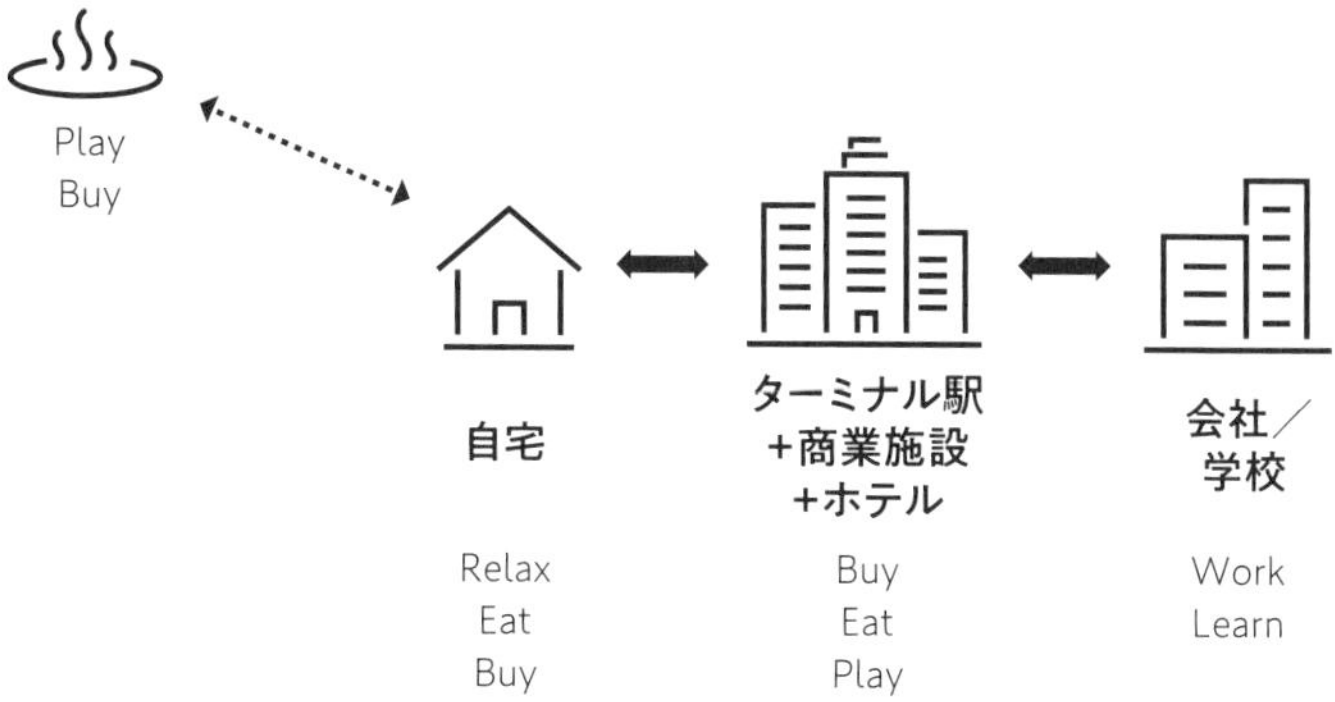

新型コロナ前のライフスタイルにおいては、パブリックとプライベートの機能を物理的に離して考えるのが一般的でした。すなわち自宅は原則として、Relax／Eatなど生活の基本機能を満たす場として考えられていました。一方、Work／Learnについては、住まいで行う機能として想定されておらず、会社や学校に行くことが前提とされていました。

Buyに関しては新型コロナ前の社会においても、オンラインショッピングの活用が広がりつつありました。しかしそれでも大半の人にとっては、店舗に行って買い物をする方が一般的だったのではないでしょうか。またターミナル駅に付帯している商業施設やショッピングセンターは、休日のライフスタイルを支える場として、Buyだけではなく外食（＝Eat）や余暇（＝Play）を楽しむ場としても活用されてきました。

最後に遠くの観光地などは年に数回、特別な時に訪れて楽しむ場所（＝Play）として、認識されていました。

新型コロナ下の日常

しかしコロナの拡大は、この状況を短期間で一変させることになります。緊急事態宣言期間中、都心部では自治体の要請もあり、不要不急の外出自粛や在宅勤務が行われることになりました。この結果、暮らしに関わる機能のほとんどが自宅で行われるようになりました。

特にWorkに関しては、これまで会社で行うことが前提であったところから180度転換しました。新型コロナによる外出自粛期間中、多くの人が初めて在宅ワークを

新型コロナ中の日常

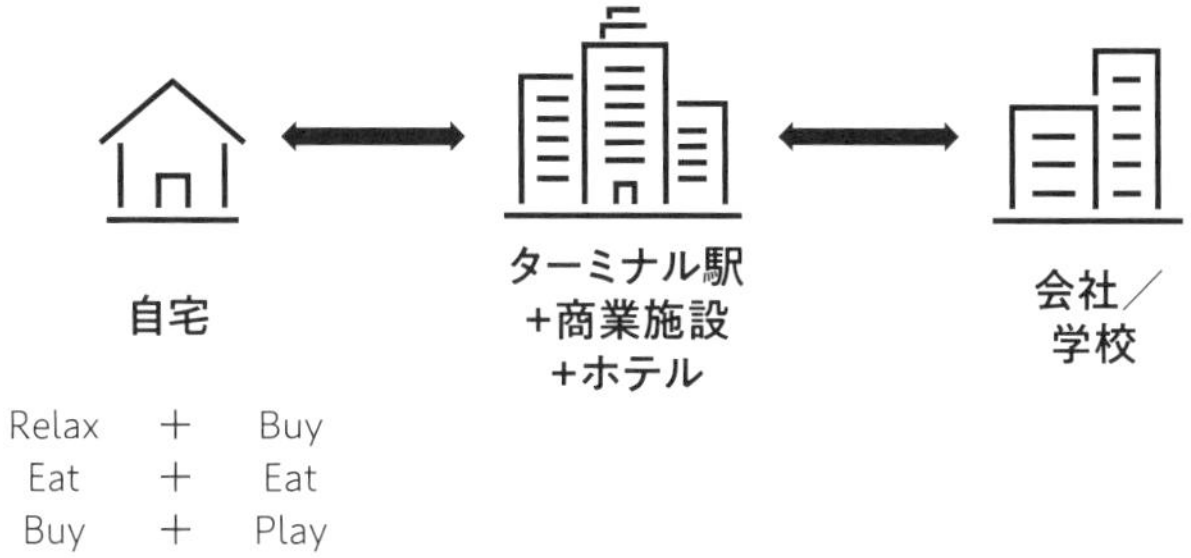

経験したのではないでしょうか。また学校の授業（＝Learn）もオンラインで行われるようになりました。

　そして買い物（＝Buy）についても、オンラインでのショッピングやデリバリーの活用が著しく増えることとなりました。

　遊ぶ場所（＝Play）もまた、住まいの中で行う試みがなされるようになります。自宅でＤＩＹをしたり、手のかかる料理を手作りしたり、あるいはオンラインコンテンツで楽しんだりする人が外出自粛期間中に急速に増加しました。

　このように新型コロナの外出自粛期間中は、１日24時間の大半を自宅で過ごすことを可能にする、住宅の多機能化が求められたのです。

新型コロナ後の日常

新型コロナが収束した後、短期的には新型コロナ前のライフスタイル・ワークスタイルへの揺り戻しがあるでしょう。特にテレワーク中の仕事の効率性に疑問を持った企業などでは、新型コロナ前と変わらない週5日の出社や、昔のビジネス・オペレーションが復活することも考えられます。

一方、新型コロナ期間中、新しいワークスタイルで成果を挙げることができた企業では、新しい日常を見据えた変化を開始することになるでしょう。

具体的には、新型コロナ下のワークスタイルをそのまま残して、より少ない出社で事業を回し、管理を可能にするためのＩＴ投資を進める一方、賃料の高い都心のオフィスを削減したり、企業間のオフィスシェアを加速させるといった動きが出てくるのではないでしょうか。

新型コロナ後の日常

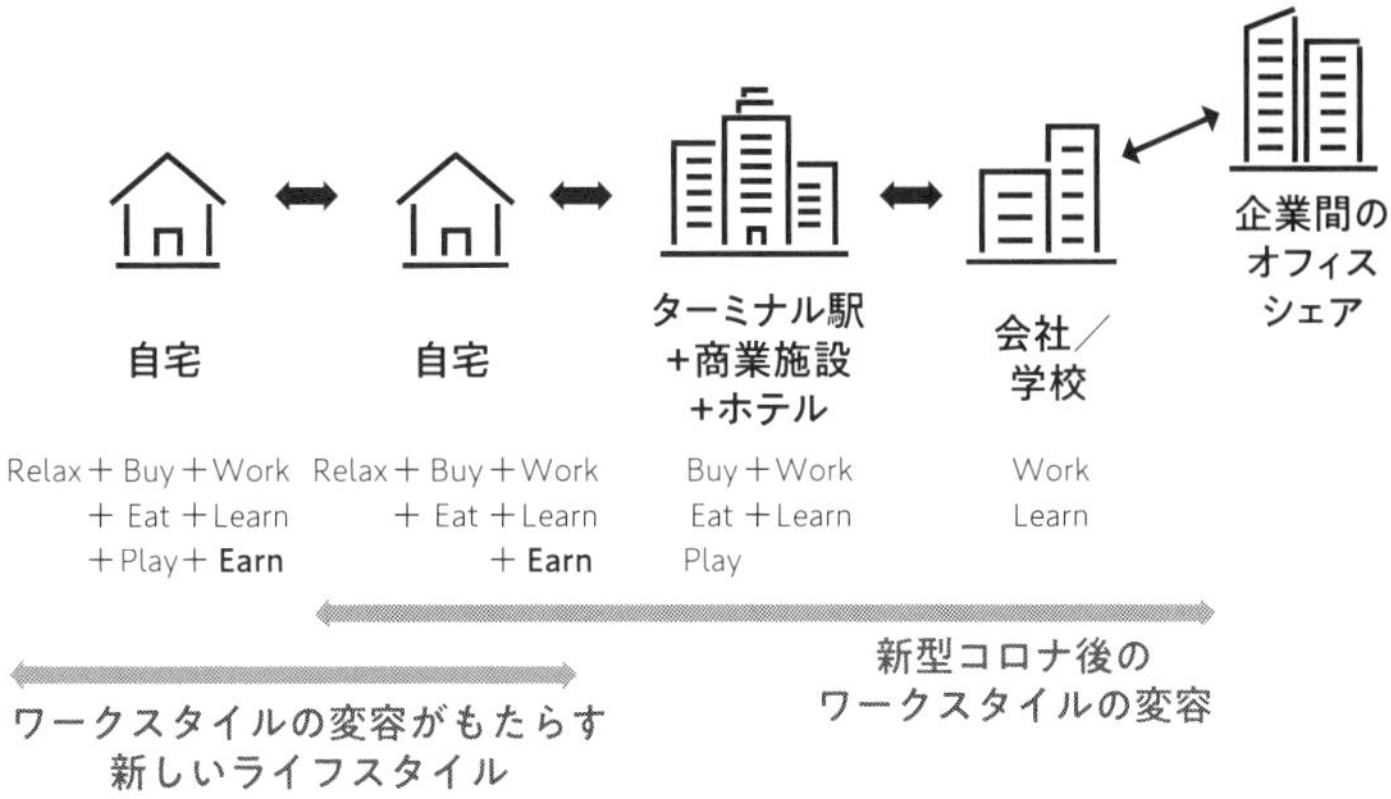

　またそのような企業に勤める社員は、自宅と近隣のコワーキングスペースをうまく使い分けながら、快適かつ効率的に仕事をするための環境整備を模索することになるでしょう。

　こうしたアーリーアダプターの活動によって、都心部に偏っていた生活はやがて郊外の住宅地域や、地方へと広がっていきます。そしてより分散された地域での飲食や遊びなどの経済活動の機会が増え、やがては地方都市の不動産価値にも影響を与えることが予想されます。

　また将来的に二拠点居住を選択する人が

増えてきた場合、合わせて起きると考えられるのが働く場所（＝Work）と私たちが稼ぐ場所（＝Earn）の分離です。

二拠点居住の場合、いずれか、あるいは両方の不動産を不在時に貸し出すことができれば、不労収入を得る（＝Earn）ことができるようになります。

その収入だけで暮らしていくというのには足りないかもしれませんが、二拠点目の維持費＋お小遣い程度の金額を稼ぐことができれば、それは生活の大きな助けとなるでしょう。

自宅をゾーニングする

ここまで見てきたように、新型コロナ後の社会において、私たちのライフスタイルやワークスタイルは大きく変化する可能性があります。この変化に伴い、私たちが自分たちの住まいをゾーニングする際の、二つの視点について考えてみたいと思います。

「ゾーニング」とは、空間デザインを考えるときに基本となるもので、空間（部屋）を目的や役割に区分することを意味します。

住宅のゾーニングを行う際の一つ目の視点は、プライベートな活動とパブリックな活動でエリアを大まかに分けるということです。

5つの基本機能のうち、Relax／Eat／Playはプライベートな活動であるのに対し、

Work／Learn、そして自宅を民泊や時間貸しで貸し出す場合は、補助機能であるEarnもパブリックな活動に区分されます。

パブリックな場とプライベートな場を分ける理由は、2つのスペースを混在させない方がオンオフの切り替えをしやすくなるからです。例えば寝室で仕事をしたり、オンライン会議を行うのはできる限り避けたいと思う人は多いのではないでしょうか。

また自宅を仕事場として同僚に開放したり、民泊で活用するなどEarnの活動を行っている場合は、プライベートスペースでもパブリックに開放する可能性があることは意識しておくとよいでしょう。

このことを具体的な例を使って説明してみたいと思います。

自宅の空いている部屋を貸し出す在宅型の民泊では、自分の家の中に全くの他人を導き入れる形になります。その場合には、他人が滞在している間、家族と旅行者の空間的な線引きをする必要があります。

自分は絶対、家を人に貸すことはないと思っていらっしゃる方々も多いと思います。しかしその場所に永住すると思っていても、何らかの理由で引越ししなくてはならなくなったり、あるいは高齢になって施設に入るということも考えられます。

そうなったとき、民泊や時間貸しなどで収益を上げている物件は、築年数に応じて建物の資産価値が毀損せず、宿泊施設としての評価も加味され、現在の住宅市場とは異なる文脈で取引される可能性があります。すなわち、収益が挙げられる物件として、その収益性も加味する形で資産評価されるのです。

ゾーニングを考える上で大事な二つ目の視点は、家族一人ひとりの固有の空間を確保することです。

このことはパブリックな活動、すなわち仕事や勉強を行うことをイメージして考えてみるとわかりやすいと思います。例えば加奈子の事例のように、夫婦共働きで子供がいる場合、３人が一つの住居で、同時にオンライン会議を行ったり、授業を受けるといったケースがあります。そうなったとき、家族がそれぞれの活動を邪魔されずに行うスペースの確保が大事になってきます。

プライベートに関わる活動についても同様です。

例えば夫婦の片方が趣味（＝Play）のための部屋を必要としたり、あるいは単に一人になってくつろげる部屋が欲しい（＝Relax）というケースもあるでしょう。

特に住居にいる時間が長くなり、家族が顔を突き合わせている時間が長くなればなるほど、家族といえど、それぞれのプライベートを確保できるスペースを自宅内に設けることが重要になってくるのです。

自宅をゾーニングするときの4つのポイント

ゾーニングを行う場合は、自宅として活用している一つ、もしくは二つの住居を以下の4つのポイントをおさえてゾーニングしていくことが大事になります。

その4つのポイントとは、次ページの内容になります。

自宅をゾーニングするときの4つのポイント

POINT 01

住まいで過ごす時間における
Relax/Eat/Play/Work/Learn/Earnの
重要度を整理する

問い①:自分にとって何の活動がメインなのか
問い②:オンライン化されうるものかそうではないか
問い③:それらの活動は、自宅で行うことが望ましいのかそうではないか

POINT 02

住居内のスペースに機能を割り当てていく

POINT 03

可能であればマルチユースの場所を準備する

POINT 04

それぞれの部屋で必要な動産を揃える

ポイント1：住まいで過ごす時間におけるRelax／Eat／Play／Work／Learn／Earnの重要度を整理する

最初のポイントは、住まいが備えるべき5つの主要機能に、Earnを加えた6つの観点について、自分の住まいが満たすべき機能の優先度を整理することです。なおBuyについては自宅でオンラインショッピングをするための場所を個別に確保する必要はないため、考慮外とします。

各機能の重要度を評価するためには、次の3つの問いに答えることが効果的です。

①自宅で行う活動のうち、自分にとって何の活動がメインなのか

まず一つ目の問いは、6つの機能のうちどの機能が、住まいにおける活動として重要度が高いかについて整理することです。

重要度に関しては、時間的な重要度（1日の中でそれに取り組む時間はどれくらいの長さになるのか）と心理的な重要度（そのことを行うことが自分にとってどれくらい大切なのか）があります。

まず、自分の住まいで行う時間が長く、時間的な重要度が高い機能については、そのためのスペースをきちんと確保すべきでしょう。

例えば新型コロナ前のライフスタイルにおいては、平日の昼間は会社に出社していたことから、住まいの機能として最も大きなウェイトを占めていたのはRelax、すなわち睡眠であったと思います。

その結果、多くの人は自分の住まいにおいて、寝るための部屋やスペースをもっとも重点的に確保していたのではないでしょうか。

一方、新型コロナ下の外出自粛期間では、Relaxの時間が減るわけではないものの、WorkやLearnの重要性が相対的に増加しました。これまで自宅で仕事をする習慣がなかった人は在宅勤務期間中、ワークデスクやワークチェアがなくて困ったという人も多いのではないでしょうか。このように世の中のライフスタイルやワークスタイルの変化に応じて、特定の機能を行う時間が増加し、結果として住まいの機能の重要度や優先順位が変化するということがあります。

また時間的な重要度は、人によって差が生じるケースもあることを理解しておくとよいでしょう。例えばRelaxのうち、睡眠のための機能は、ほとんどの人にとって時間的な重要度が高いと思います。しかし、飛行機のパイロットや世界中で写真を撮るカメラマンなど、コロナ・ショック後の世界においても様々な場所に訪れることが必要な仕事に就いている人にとっては、優先度が低くなるかもしれません。

もう一つ、重要度を考える上で大事なのは、心理的な重要度に応じて場所を確保するということです。これについても例を挙げて考えてみましょう。普段どんなに忙しくても、朝ごはんは家族全員で食べることを大事にしている家庭の場合、ダイニングスペース（＝Eat）は住まいの中できちんと確保すべきであると考えられます。

あるいはお風呂にゆっくり浸かることが、一番のリラックス法だという人はバスルームの広さで住まいを選ぶのも間違いとは言えません。

②オンライン化されうるものかそうではないか

二つ目は私たちの暮らしで必要となる機能のうち、オンライン化した方が効率的なものとそうではないものについて理解することです。

まず、Workをオンライン化して、今の住まい、あるいは新しい住まいで行うことが本当に効率的かについて見極めることは、とても重要なこととなります。事務職の場合は、在宅勤務でもパフォーマンスを発揮できる可能性が高いでしょう。また病院に勤務する医師や看護師など現地に出勤することを原則としたワークスタイルの方々にとっては、自宅の機能の優先度は新型コロナ後も変わらない可能性が高いですが、一方でオンライン診療など新しい仕組みが導入されることもあり得ます。

もう一つ、Playの部分に関してですが、オンラインで楽しむ趣味やレジャーを持っている場合は、Relaxの要素と絡めてどれくらいのスペースを確保すべきかを考えておくことが大事です。

例えばオンラインゲームやNetflix観賞などは、自宅で楽しむことを前提としたサービスですが、専用のスペースを確保した方が良いのか、それとも普段、日常生活を送る場所と同じでいいのかはライフスタイルによって変わるでしょう。

一方、ゴルフ、サーフィン、釣り、キャンプなどを趣味とする場合、道具置き場の確保は必要でしょうが、Playすること自体を住まいの中で完結することは当然ながらできないわけで、住まいのゾーニングよりも住まいの立地により影響を受けることになるでしょう。

③それらの活動は、自宅で行うことが望ましいのか

住まいのゾーニングについて考える際、緊急時には、暮らしに関わるあらゆる機能をすべて自宅で行えるように整えておくことが望ましいでしょう。一方、平時においては、すべての機能を自宅で行う必要はなく、自宅外で行う方が効率的な業務は、従前と同様に自宅外で行うべきであると考えます。

例えば仕事を会社のオフィスの外で行うことが認められていたとしても、その機会が月に1〜2回と限られ、かつ小さな子供がいるため、住まいで普段仕事をするのは現実的ではなかったとします。その場合には、自宅にわざわざ仕事のための部屋を確保するよりも、必要に応じて近所のコワーキングスペースを活用する方が効率的に暮らすことができるでしょう。

また食事（＝Eat）に関しては、普段、自炊する人と外食が多い人で、キッチンや

ダイニングスペースの重要度が大きく変わります。コロナ後に在宅ワークが増えることによって、これまで外食中心で自炊してこなかった人でも、ランチのために自宅のダイニング・キッチンスペースを以前より確保しなくてはならないと考えがちになりますが、これも近所での外食や宅配で済ませることができるので、柔軟に考えるとよいでしょう。

ポイント2：住居内のスペースに機能を割り当てていく

次のポイントは、住まいの間取りやスペースに暮らしの機能を割り当てていくことになります。一つの部屋でも広さがあれば、複数の機能を持たせることも可能です。例えばリビングの一角に仕事用の机と椅子を置いて、ホームオフィスとするのがこれにあたります。

ただ先述したように、部屋の間取りに余裕があるなら、主要機能のうちプライベートなもの（Relax／Eat／Play）とパブリックなもの（Work／Learn）は別の部屋あるいは拠点に分けると、気持ちを切り替えることがより簡単になるでしょう。

一方、プライベートゾーンにあてていた場所でも、ライフスタイル・ワークスタイルによっては、パブリックスペースとして活用する場面も出てきます。その典型例は、二拠点居住を行う場合に、使っていない方の住まいを民泊や時間貸しで貸し出す場合です。家が十分に広い場合は、民泊で貸し出したゲストにゲストルームで寝てもらうという選択肢もあると思います。しかし住まいの広さを確保できない場合は、自分のベッドルームに寝てもらうことも考えられるかもしれません。このように、最もプライベート感の強い寝室に関してもプライベートオンリーのゾーンとはならず、パブリックゾーンとして活用するという考え方もあることを指摘しておきたいと思います。

ポイント3：可能であればマルチユースの場所を準備する

三つ目のポイントはゾーンを整理し、機能を割り振る際に、可能であれば1部屋、難しければ一部屋の一角でもよいのでマルチユースのフリースペースを用意しておくということです。

部屋に機能を割り振り始めると、すべての部屋や空間を何らかの機能に割り振りたくなる欲望に駆られます。しかし、1つの部屋、あるいは部屋のある空間を、何にでも使える、機能を定めない部屋として割り当てておくと、とても便利です。

このようなスペースの余裕があると、今回の新型コロナのような想定外のことが起きたときにも対応がしやすくなります。

私の自宅の場合、玄関の脇にちょっとしたスペースがあるのですが、そこに一人がけの椅子と小さなテーブルを置いています。普段はそこでぼーっとしたり、本を読んだりなど、気分転換ができるスペースとして活用していますが、必要に応じて仕事もできるようになっています。

また住宅は長いライフステージで考えるべき要素が大きくなります。

子供が増えたり、親と同居したり、逆に子供が全員独立して夫婦2人になるといった家族構成の変化に順応できる余裕や柔軟性が住まいにないと、ライフステージの変化が生じるたびに引越すようなことになります。

もちろん賃貸住宅であれば、ライフステージに合わせた移動も可能でしょう。ただこれからの社会では地域とのつながりが大事になることを考えると、例え賃貸住宅であったとしても、変化を受容できる包容力を持った住宅をなるべく選択することが望ましいのではないかと考えます。そしてここでも、スペースの余裕を持たせておくことが大事になってくるでしょう。

ポイント4：それぞれの部屋で必要な動産を揃える

どの機能をどの部屋で満たすかという割り振りを一度決めたら、その割り振りでうまく生活のリズムを作ることができるかについて、しばらくの間試行してみる期間を設けてみましょう。

頭の中で考える暮らしのあり方と私たちの実際の暮らしは、ときに大きく異なります。例えば、家を建てる際にここに収納を設ければ便利だと思ってつけたのに、実際には不便で使っていないといった経験は多くの人が持っているのではないでしょうか。

同様に、パブリックとプライベートのスペースを、住まいの中で自分なりに考えて割り振ってみたけれど、うまく行かないということは往々にして生じます。その時には根気よく自分の中で納得がいくまでゾーニングを調整し、試行錯誤を行うことが大事になります。

そして試行錯誤の結果、各部屋のゾーニングが固まったら、ゾーンごとにそこで行う機能を象徴するものを置いて、インテリアを整えていきましょう。

特にパブリックな空間とプライベートな空間についてはメリハリをつけるのが大事になってきます。例えばワークスペースと決めた部屋やエリアには仕事専用の机と椅子を購入して置くとよいでしょう。またそのエリアにはマンガやゲーム、趣味のものなど気を取られるようなものは置かないようにするのも大事になってきます。一方、プライベートなスペースに仕事に関する本棚や書類入れを置くのはできる限り避けましょう。こうした小さな気配りが、限られた自宅のスペースでオンオフのメリハリをつける上でとても重要になってくるのです。

実際の間取りから見るゾーニング例

ここまで部屋のゾーニングの手法について考えてきましたが、抽象的でイメージが湧きづらい部分も多くあったのではないでしょうか。そこでここからはゾーニングの例について、一般的な間取り図をもとに説明してみたいと思います。

ここでは加奈子のような夫婦＋子供１人の３人家族を例として、考えてみたいと思います。この家族が新型コロナ前から現在に至るまで、仮に２ＬＤＫの物件に居住しているとしましょう。

まずはこの家族の住まい方が、新型コロナによってどのように変わっていったのかについて考えてみたいと思います。

新型コロナ前の利用形態は図A（254ページ参照）となります。自宅でWorkをすることは想定されておらず、Relax＋Eat＋Play（＋Learn）という機能を果たすための利用が一般的となっています。Learnをカッコ書きにしているのは、家でも勉強するものの、勉強時間の主軸は学校や学習塾など、住まいの外にあるからです。

なお一般的な家庭では、子供が自分の寝室で勉強していることも多いと思います。その場合、勉強（＝Learn）というパブリックの要素と、寝る（＝Relax）というプライベートの要素が一つの部屋で混在しているため、活動のメリハリを付けづらい状況があると考えられます。

次に図Bは新型コロナによる外出自粛要請に伴い、すべての機能を自宅で行わなくてはならなくなったときの状況になります。

子供の寝室は睡眠とオンライン授業の場となり、プライベートとパブリックの垣根がさらに曖昧になっているのがわかります。両親が仕事を行う場所もEatの場であるダイニングやRelaxの場である寝室などにまたがり、公私のメリハリがつけづらい状況になっています。

最後に、図Ｃは新型コロナによる外出自粛から一定期間が過ぎたとき、ニーズに合わせて部屋のゾーニングを行ったケースを示しています。

ＰＣ机などを準備することでパブリックとプライベートにメリハリがつくように工夫するとともに、ＬＤＫや両親の寝室も一つの部屋として捉えるのではなく、プライベート（Eat／Relax）とパブリック（Work／Learn）でゾーニングするようにしています。また遊び場を子供部屋に集中することで、子供の勉強と遊びのメリハリをつけようとしています。

ただこのようにゾーニングしたとしても、もともとの部屋数に限りがあるため、オンライン会議や授業の際には無理が生じてくることが予想されます。

部屋のゾーニングの変化

図A:新型コロナ拡大前

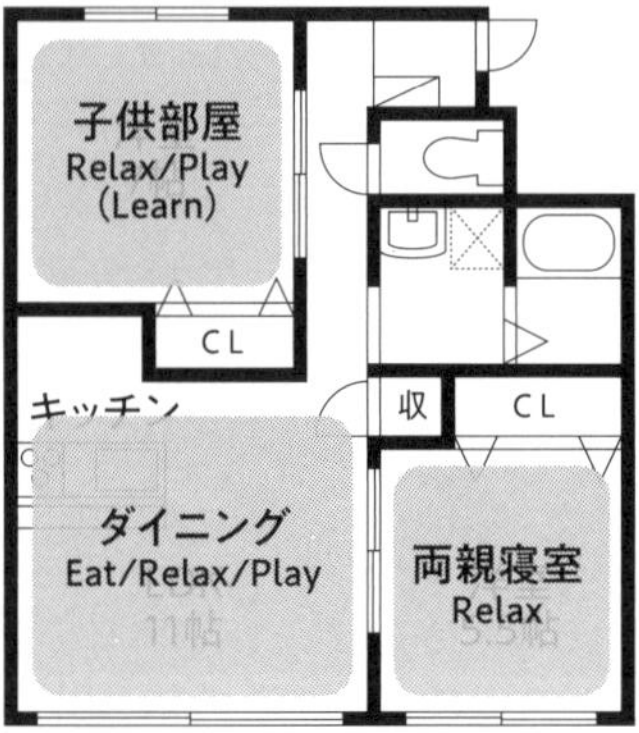

図B:外出自粛期間中

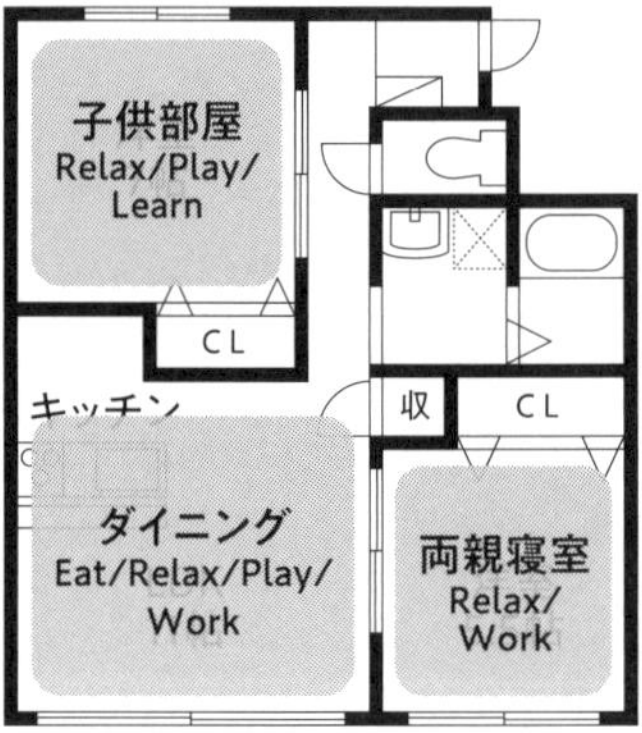

図C:ポスト・コロナ

住みこなしのイメージ1

都心部・都心部の二拠点居住（三軒茶屋）

前項で見てきたように、現在居住している2LDKの間取りのままゾーニングを行おうとしても、ポスト・コロナの多機能な住まいを実現し、快適な暮らしを送るのには限界があります。

そこで次に、引越しや二拠点居住も含めたオプションも含めて具体的に考えていきましょう。読者の皆さんにはより具体的なイメージを持っていただくために、エリアや家賃も仮設定してみたいと思います。

仮に先程の例で挙げた、3人家族が居住する2LDKの物件が、東京都世田谷区三《さん》軒《げん》茶屋《ぢゃや》駅から徒歩5分圏内にある、築5年程度のマンションだとしましょう。

この条件に当てはまる物件を探してみると、家賃は50平米2LDKで大体22万円／月くらいのようです（ここからの情報は2020年8月現在、SUMOで検索した時の大まかな平均値となることをご了承ください）。
22万円／月はかなり高めの家賃にも感じられますが、仮に共働きで世帯年収1000万円を超えていれば、概ね許容できる金額の目安となるようです（ちなみに年収別の適正家賃の目安は額面月収の25％程度と言われており、この計算に基づくと年収1000万円の適正家賃は20・8万円／月になります）。

ここで同じ三軒茶屋駅近辺で、同じ家賃レベルで物件を探したとします。まず築年数や駅からの近さを諦める代わりに広さを重視した場合はどうなるでしょうか。駅から徒歩10分圏内で探してみると、築年数30〜40年の物件であれば、17万円〜20万円／月という現在の家賃よりも安い金額で、3LDK、70〜75平米の賃貸物件を見つけることができます。

3LDKであれば、夫婦＋子供の3人家族であってもWork／Learn用の部屋を1つ確保することが可能になります。また万が一、家族3人が同時にオンラインミーティングやオンライン授業に出なくてはならなくなったときでも、一人がWork／Learn専用の部屋を使い、もう一人がリビングルームを使い、子供が寝室を使えば（余裕のある状態ではありませんが）対応することができます。

3LDK一拠点に引っ越した場合

また法的な要件を満たせば、場合によってはWork／Learnの部屋を民泊で貸し出すことで収益を得ることも可能かもしれません。

次にパブリックとプライベートを分ける視点で、都心部×都心部の二拠点居住を選択する場合について考えてみましょう。

ここでは三軒茶屋というロケーションや予算（22万円／月）は変更せずに、二拠点を確保できないか考えてみましょう。具体的には、現在住んでいるところよりも少し条件の悪い2LDKと、ワンルームを探してみるのです。

2020年8月現在、SUUMOで三軒茶屋駅から徒歩15分圏内、築年数20年以上の物件を探すと大体15万円／月で50平米前後の2LDKを見つけることができます。

一方、ワンルームですが、こちらも築年数にこだわらなければ、徒歩5分以内に絞っ

2LDK+ワンルームの二拠点に引っ越した場合

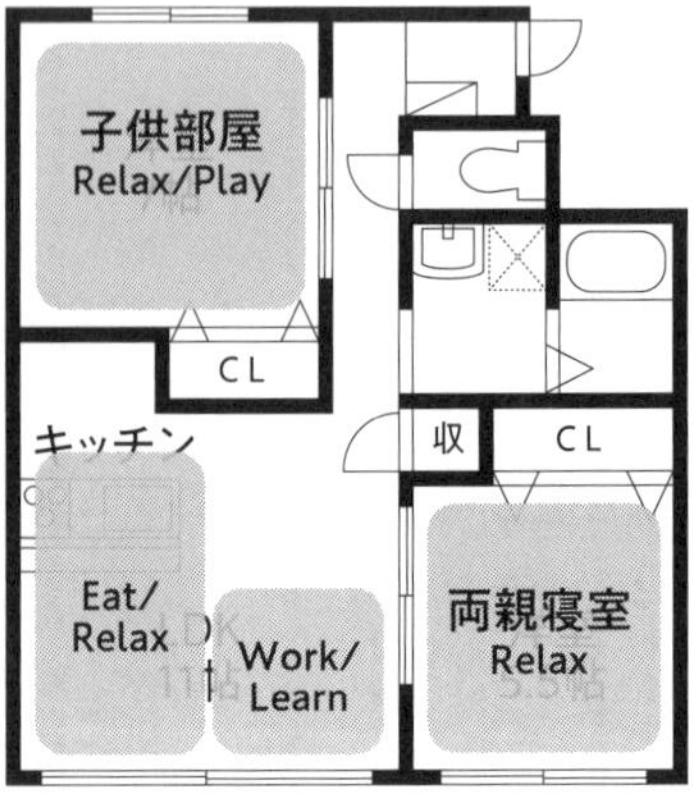

プライベート中心

パブリック中心

ても6万円／月で14平米前後のワンルームを借りることができ、予算内で二つの物件を確保することができました。

二拠点を借りる場合、3LDK一拠点を借りるときよりも間取りの柔軟性を確保できるようになります。具体的には、プライベートな機能を2LDKに寄せる一方で、Work／Learnなどパブリックな機能をワンルームの方に集約することが可能になります。

一応、2LDKの物件でも、

ＬＤＫをゾーニングすることでWork／Learnの場所を確保していますが、これは複数の家族が同時に在宅ワークするときの予備的な部屋という位置づけになるでしょう。

またこのワンルームについても場合によっては、近くに住んでいる他の同僚や友人とシェアしたり、民泊で貸したりという方法を活用することで、さらに予算をセーブすることも可能になってきます。

住みこなしの
イメージ2

都心部＋地方の二拠点居住（三軒茶屋＋地方都市）

次に考えてみたいのは、三軒茶屋に拠点を持ちつつ、地方との二拠点居住を行うというパターンです。

先程の例では、三軒茶屋で15万円／月で50平米前後の2LDKを借り、同じく三軒茶屋で6万円／月で14平米前後のワンルームを借りるというパターンをご紹介しました。ここではこのワンルームの6万円／月の予算を使って、別の地域で二拠点居住を行うための物件を探してみたいと思います。

賃貸情報サイトを検索してみると、那覇や札幌などの地方の中核都市でも20平米ほどのワンルームを月6万円ほどで借りることができます。また都心に近い観光エリア、例えば箱根でも築年数の古さにこだわらなければ、築年数40〜50年の約50平米の温泉付リゾートマンションを6〜7万円／月で借りることが可能です。休暇にリゾート地に行きたい、あるいは温泉に入るのが好きという人にとっては魅力的な選択肢として考えられます。

一方、地方都市に二拠点目を安く借りることができたとしても、そこに行く時間をあまり取れないのであれば、お金の無駄となってしまうので慎重に考えるほうがよいでしょう。

地方の二拠点目を有効活用しやすいのは、そのエリアで仕事や副業をしていたり、そのエリアでのアクティビティ、例えばサーフィン、スキー、山登り、温泉めぐり等を頻繁に行っているケースでしょう。

休日の度に訪れていたり、将来は移住してもいいと考えるぐらいの強い思いを持っていない限り、多くの別荘がそうであるように、最初の頃はよく訪れていてもやがて使われなくなってしまって、ホテルに泊まる方が安くて便利だと思うようになってしまうかもしれません。

なお都心部＋地方都市での二拠点居住における、これらの問題点を解消するためのもう一つの手段として挙げたいのが、普段は民泊などの手段で貸して収益物件としてしまうことです。

例えば那覇の中心街で2LDKの物件を10万円弱で借り、Airbnbで仮に1泊4名まで1万5000円程度で貸し出すことができれば、月10日の貸し出しで、経費を差し引いても家賃を概ね回収することができるようになります。

中長期的な将来においてシェアリングエコノミーが進展したとき、こうした新しい住まい方やビジネスの可能性が広がっていくことも考慮いただくとよいと思います。

住みこなしのイメージ3

ベッドタウンあるいは郊外に、広めの一拠点を確保

ここまでの事例は世帯年収が1000万円以上あり、家賃も22万円／月を支払うことができるという前提で考えています。東京都における世帯年収1000万円以上の世帯割合は全体の28・5％と他のエリアと比べるとかなり比率は高いものの、それでも多くの人にとっては非現実的な予算と感じられるかもしれません。

そこで次に、東京都の平均年収となる600〜700万円の世帯年収をベースとして、同年収における家賃の目安となる12・5万円〜15万円／月で、どのような暮らしが可能かについて考えてみたいと思います。

2020年8月現在、12・5万円／月の予算で、三軒茶屋において借りられる物件は築15年以上の、33平米前後の1DK〜2LDKになります。

この広さだと3人家族で暮らし、さらにWorkなどの機能も持たせるのは、かなり厳しいでしょう。そこで、居住区を23区の中でももう少し割安のエリアに変更すると

どうなるかについて考えてみたいと思います。

例えば加奈子が移住した練馬区を例に取ると、築年数や最寄駅からの距離といった点で妥協すれば、15万円／月以内で70平米の物件を探すことも可能です。

また都内に拘る理由がないのであれば、神奈川・千葉・埼玉のベッドタウンエリアに広めの一拠点を確保して住むという考え方も、現実的な案として考慮すべきであると言えます。

例えば神奈川県の鎌倉・葉山・江ノ島などは観光地として人気のエリアですし、埼玉県の和光市、大宮市などは都心へのアクセスも悪くなく、生活環境もよいでしょう。

そこで東京都を離れて、仮にこれらの人気のエリアに3人家族で移住することを考えてみましょう。横浜・鎌倉・葉山などは高級住宅街が広がっているイメージが強いですが、うまくエリアを選択すると都心に居住するよりはだいぶ家賃を抑えることが可能になります。

例えば鎌倉駅から徒歩15分ぐらいの物件であれば、大体、80平米～90平米の3LDKで、築20～30年の物件を15万円／月ほどで借りることができます。また片瀬江ノ島の海沿いのエリアは若干高くなりますが、駅から徒歩10分以内、築20〜30年の大手デベロッパーの物件でも、３ＬＤＫ・80平米程度で月17〜18万円の家賃で借りることができます。

もう少しリーズナブルな物件であれば、横浜駅徒歩圏内でも60平米ちょっとで13万円／月、鎌倉市内でも大船駅から徒歩20分、築10年以上の物件だと65平米で13万円弱／月といった物件を探し出すことができます。

これらのエリアは自動車や電車に乗れば10分圏内で、みなとみらいや横浜中華街、あるいは鎌倉の小町通りなどの人気観光スポットにアクセスできる場所となり、そこに住む価値は十分感じることができるのではないでしょうか。

さらに視点を広げると、より遠方にある人気エリア、例えば軽井沢、箱根、那須などの別荘エリアに居住することも考えられます。本書では軽井沢への移住を例にして考えてみましょう。

軽井沢では、別荘を賃貸物件として貸している例があります。駅から車で15分圏内で検索した場合、60平米〜80平米くらいの別荘を13万円〜15万円／月程度で見つけることができます。
ただ軽井沢の場合、賃貸物件が極端に少ないため、中古物件の購入も含めて考える必要があるかもしれません。中古物件を探してみると、一定のリフォームは必要だと思われますが、1000万〜2000万円前後から物件を見つけることができ、リフォーム費用を考慮しても都心の戸建よりはだいぶ格安で手に入れることができます。

こうしてみると別荘エリアへの移住はとても魅力的にも思えます。しかし東京までの新幹線移動や、日々の生活において自動車が必須であることを考えると、それなりに生活費がかかってくることを覚悟しておいたほうがいいと思われます。一方、仕事で東京都心に出る必要がほとんどなく、別荘エリアでの生活に深い愛着や魅力を感じている場合は、移住もまた有力な選択肢となるでしょう。

郊外に住む選択肢として最後に挙げておきたいのが、過去に開発されたベッドタウンエリアに注目するということです。
2000年代に駅周辺の都市開発を行い、タワーマンションが建ち並んでいるエリア、例えば加奈子が居住している武蔵小杉や千葉県柏市、たまプラーザなどで、駅から近く、築年数の浅い物件を探そうとすると、3LDKで大体15万円～18万円／月となり、少し割高の物件が増えてきます。

そこで注目したいのが、鉄道駅から少し離れた場所で、1970年代から1990年代にかけて宅地開発が行われた、ニュータウンエリアでの物件探しです。

例えば横浜市でいうと大船駅から車で10～15分ほどの栄区桂台・小菅ケ谷エリアでは、築20～30年の110～130平米の広さがある戸建4LDKを、月11万円～14万円で借りることが可能です。

実は横浜市のこのエリアは私が幼少期を過ごした場所でもあります。これらのエリアは駅から遠く、自動車が運転できない場合はとても住みづらいのが難点です。その一方で開発時に土地がきちんと整形され、道幅も広く取られているといったプラスの側面もあります。また車を使えば、鎌倉や横浜へのアクセスもそこまで不便ではないので、小さな子供のいる若年層の夫婦世帯等にとっては居住エリアの一つの選択肢として考慮してもよいかもしれません。

住みこなしの
イメージ4

田舎のみに拠点を持つ

最後に、東京都周辺に居住することを捨て、観光地や別荘地でもない、一般的な地方都市に移住した場合について考えてみましょう。

東京での仕事をリモートでも継続できる場合、12・5万円～15万円／月があれば、都心に住むのと比較してかなり条件の良い物件を確保することができるようになります。

例えば静岡県三島市は新幹線駅もあって、東京に出る際の利便性が高いだけではなく、熱海などの温泉地や富士山からも近く、プライベートライフも充実させやすい環境が整っています。ここで物件を探してみると、三島駅徒歩15分の築30年で約100平米・5LDKの物件を12万円／月で借りることができます。

またサーフィンをする若い人々に人気の高い千葉県いすみ市などでは、築年数は30年以上となりますが、120〜130平米の物件をやはり12万円／月で借りることができます。東京までの通勤機会が限られ、かつサーフィンを趣味としている人にとっていすみ市の物件は魅力的に映るのではないでしょうか。

以上見てきたように、少し目線を変えることで、ある一定の面積や間取りを確保できる、様々な選択肢があることがおわかりいただけたのではないかと思います。

そして結局のところ、どの地域に住むのがよいかは、雑誌等の人気ランキングによって決められるのではなく、読者の皆さんがどのようなライフスタイル・ワークスタイルを求め、さらにはどのようなエリアに愛着を感じるのかというところにかかってくるのではないかと思います。

所有か、賃貸か

前項までの例では比較評価を容易にするため、すべて賃貸を例にして説明を行いました。しかし住まいの移転を考える際、住まいの購入を検討される方も多くいらっしゃると思います。

例えば戸建に住むことを望む場合は、賃貸ではなく購入の方が選択の幅が広がるケースが多いでしょう。また地方都市に移住して、ある程度以上の広さを確保したいと考える場合は、中古戸建を購入するか、土地を購入して戸建を新築するしか選択肢がないケースもあります。

新型コロナは多くの人が自分のライフスタイル・ワークスタイルを見直すきっかけを作り、その結果として住まいの購入を検討する人も増加しているようです。

新型コロナ後に行われたアンケートでは、新型コロナ拡大の住まい探しへの影響として、検討者の7％が「検討を中止した」、24％が「検討を休止した、いったん様子見にした」と回答しています。

その一方で、「影響はない」と答えた回答者が34％と最も多く、「住まい探しの後押しになった」人が16％、「きっかけになった」人も15％存在するという結果になっています。購入検討のきっかけとして「在宅勤務になった」を挙げる人はまだ8％しかいませんが、今後テレワークが定着していくにつれて上昇していくのではないかと考えられます。

なおポスト・コロナの時代において住居を購入する場合、従来の判断基準と異なる部分も出てくることが予想されます。これまではブランド力のあるエリアで、資産価値が落ちない物件を選ぶという考え方が主流でしたが、これからは、自分がその地域に愛着を持ち、充実感を感じるかという視点を大事にする人がより増えてくるでしょう。

もう一つの論点は戸建を購入するのか、それともマンションを購入するのかということです。

新型コロナ下に行われたアンケート結果を見ると、住宅の購入意思のある人において、駅からの距離よりも広さを重視したり、マンションよりも戸建を志向するといったトレンドを読みとることができます。

- 前年12月調査と比較して、「戸建派」が63％と7ポイント増加
- 前年12月調査と比較して、「広さ派」が10ポイント増加（52％）し、「駅距離派」が10ポイント減少（30％）
- 通勤時間の意向としては、前年12月調査時に比較し、「徒歩・自転車で15分以内」の割合が28％と7ポイント減少し、「公共交通機関で60分以内／公共交通機関で60分超」の割合が34％と10ポイント増加

また二拠点居住を考える場合は、メインの物件は所有し、サブの物件は賃貸あるいは共有で済ませるという考え方も有効でしょう。

二拠点居住は、当然ながら二拠点分のコストがかかるため、もし二拠点目も購入する場合はなぜその物件を購入するのかについて、きちんと整理しておくとよいでしょう。

例えば人によっては、二拠点目を老後の永住先として考えるケースもあります。そのような場合は、二拠点目で永住したとき、日常生活は不便ではないか、物件のバリアフリー化は行われているかなど、ニーズにきちんと沿った物件となっているのかについてチェックしていくことも大事になるでしょう。

また住居を所有していたとしても、そのライフステージ（新婚期・育児期・教育期・子独立期・老夫婦期）によって、必要とするスペースは異なってきます。

そのわかりやすい例が二世帯住宅です。最初は二世帯で暮らすことを前提で建てられた住宅もやがて両親が年老いて亡くなってしまうと片方が空いてしまうことになります。そうなったときに、例えば建物としては同じであっても独立した玄関の構造にしておくことができれば、隣を借家として貸し出し、収益を得ることも可能になってきます。

あとがき

私はこれまで、地方議員、スマートシティや都市開発のコンサルタント、さらには民泊プラットフォームであるAirbnbと、いろいろなご縁に導かれて仕事をしてきました。脈絡のないようにも見えるキャリアですが、その中で一貫して考えてきたことは、人が「都市で暮らす」ことの価値でした。

新型コロナ前、人が自らの生活の拠点として都市を選ぶ際の第一の判断基準は、利便性や機能性でした。自治体やデベロッパーは、住民が求めるこれらの価値を高めるためにいかに効率的な都市システムを構築するかに腐心してきたように思います。都市をＩＴで効率化しようとするスマートシティのコンセプトはその究極の形かもしれません。しかし私はスマートシティの都市プロジェクトにその草創期から携わりながらも、常にどこかで、機能性・効率性と人間らしい暮らしをいかに両立するかということを意識していたように思います。
新型コロナ後に社会のデジタル化が進み、オンライン・エコノミーが社会活動の前提となる趨勢はもう止まることのない流れだと思います。しかしリアルの都市と同様に、オンラインの社会システムでも機能性や効率性が追求されるようになるとするならば、世の中はとても生きづらい場所になるのではないでしょうか。

東日本大震災直後の2011年3月、私がコンサルタントとして携わっていた「あきたスマートシティ・プロジェクト」の基本計画では、スマートシティの基本コンセプトを「私仕立てのエコ」として、以下のような言葉で説明していました。

「エコには人それぞれに様々な形があると考えられる。あきたスマートシティ・プロジェクトでは少数特定の決まった形のエコな暮らしを提案するのではなく、人それぞれが自分に合ったエコな暮らしかたをデザインし、自分好みの方法を選択することを助け、またそれぞれが他人の提案するエコな暮らしかたを尊重する仕組みの構築を目指したい。」

社会のオンライン化が私たちの生活の監視強化や、ＡＩによる最適解やさらなる効率性の追求へとつながるのではなく、人々の多様な生き方を支援するツールとして活用される仕組みを構築することが今、大事になっています。

その観点から、私たちのライフスタイル・ワークスタイルを見つめ直すことが大事だと考えたことが、本書を書いた最も大きな動機でした。

本書の出版にあたっては、ディスカヴァー・トゥエンティワン編集部のみなさんより様々な助言を頂きました。心より感謝いたします。

本書がポスト・コロナ後の社会のあり方について、そして自分の生き方を考えるきっかけとなれば、それに勝る筆者の喜びはありません。

２０２１年２月

長田　英知

参考サイト一覧

- 中小企業白書（2014年版）「第2部　中小企業・小規模事業者が直面する経済・社会構造の変化」
  https://www.chusho.meti.go.jp/pamflet/hakusyo/H26/h26/html/b2_2_1_2.html
- 人口統計資料集（2019）「東京，大阪，名古屋50キロ圏の人口および割合：1960～2015年」
  http://www.ipss.go.jp/syoushika/tohkei/Popular/P_Detail2019.asp?fname=T09-13.htm
- 上場企業サーチ「日本の各都道府県の株式会社数と上場会社数」
  https://xn--vckya7nx51ik9ay55a3l3a.com/analyses/number_of_companies
- 厚生労働白書（18）「第3節 働く場（職場）の変化」
  https://www.mhlw.go.jp/wp/hakusyo/kousei/06/dl/1-1c.pdf
- 総務省統計局「労働力調査（詳細集計）2019年（令和元年）平均（速報）」
  https://www.stat.go.jp/data/roudou/sokuhou/nen/dt/pdf/index1.pdf
- 丹下都市建築設計「東京計画1960」
  https://www.tangeweb.com/works/works_no-22/
- （公財）ハイライフ研究所＋認定NPO 日本都市計画家協会「東京50㎞圏と二地域・多拠点居住の動向」
  https://www.hilife.or.jp/urban2015/urban02.pdf
- 国土交通政策研究所研究官 伊藤夏樹「都市のスポンジ化を踏まえた地域による生活サービス等のマネジメントに関する調査研究（中間報告）」
  https://www.mlit.go.jp/pri/kouenkai/syousai/pdf/research_p190529/07.pdf

- 人口統計資料集（２０１９）「大都市人口の推移：２０００〜15年」
  http://www.ipss.go.jp/syoushika/tohkei/Popular/P_Detail2019.asp?fname=T09-18.htm
- 東京カンテイ「全国主要行政区　２０１９年マンション化率ランキングおよびマンションストック戸数」
  https://www.kantei.ne.jp/report/102karitsu-gyouseiku.pdf
- WIRED「未来、人は『超高層建築』がつくる都市に住む」
  https://wired.jp/2015/02/10/next-world-10/
- 東京カンテイ「全国における超高層マンションの供給動向&ストック数について調査・分析」
  https://www.kantei.ne.jp/report/97TM_shuto.pdf
- 東京カンテイ「Kantei eye マンションデータ白書　２０１９〈首都圏 新築・中古マンション市場〉」
  https://www.nomu.com/mansion/library/trend/report/kantei_eye_20200130_6.html
- Morebiz「通勤手段は？ 時間は？ 日本と世界の通勤事情」
  https://www.vision-net.co.jp/morebiz/commuting-situation/
- 一般社団法人自動車検査登録情報協会「自動車保有台数」
  https://www.airia.or.jp/publish/statistics/number.html
- ＪＴＢ総合研究所「インバウンド 訪日外国人動向」
  https://www.tourism.jp/tourism-database/stats/inbound/
- nippon.com「５月の訪日客、たった１７００人：消滅したインバウンド」
  https://www.nippon.com/ja/japan-data/h00756/
- 東洋経済オンライン「９割減便のＪＡＬとＡＮＡ、国内線がここまで戻る意外　会社が見送った今期赤字予想は結局いくらか」
  https://toyokeizai.net/articles/-/359831
- NHK NEWS WEB「新型コロナ イベント中止・延期の経済損失を推計 ３兆円余」

https://www3.nhk.or.jp/news/html/20200629/k10012487251000.html

- Yahoo! Japan ニュース「新型コロナウイルスによる経済への影響を多方面からさぐる（2020年7月18日時点）」
  https://news.yahoo.co.jp/byline/fuwaraizo/20200718-00188703/
- @DIME「コロナ禍で消費者のデジタルシフトが加速、購買行動が大きく変化する可能性」
  https://dime.jp/genre/919353/
- ダイヤモンドオンライン「アマゾンも勝てない「生協」の貫禄、入会・注文殺到でキャパオーバー」
  https://diamond.jp/articles/-/241071
- 日本経済新聞「ウーバーイーツでローソンの配送、1位はからあげクン」
  https://www.nikkei.com/article/DGXMZO61434560T10C20A7000000/
- 日本経済新聞「最高益Netflix、映画会社の『駆け込み寺』に」
  https://www.nikkei.com/article/DGXMZO58342430S0A420C2I00000/
- CreatorZine「コロナ禍の影響でネット動画利用が大幅増 「テレビ視聴が増加」した人を上回る/インプレス総合研究所調査」
  https://creatorzine.jp/news/detail/1200
- マイボスコム「在宅勤務・テレワークに関するアンケート調査」
  https://myel.myvoice.jp/products/detail.php?product_id=26212
- Peatix BLOG「2020年 オンラインイベントに関する調査」
  https://blog.peatix.com/featured/2020_onine_event_survey.html
- PR TIMES「〈コロナ禍のテレワークアンケート調査報告〉在宅勤務中、家の中にオフィス環境を作る難しさを感じる意見が多数」
  https://prtimes.jp/main/html/rd/p/000000022.000043878.html
- ReseMom「休校中のオンライン授業、高校で14％…大学でも半数以下」

https://resemom.jp/article/2020/05/07/56131.html

- 日経ＢＰ　教育とICT Online「ほぼ全ての大学が遠隔授業を実施または検討中。文部科学省が調査」
https://project.nikkeibp.co.jp/pc/atcl/19/06/21/00003/051900076/
- ＦＮＮプライムオンライン「《調査報告》「大学のオンライン授業」実施率97％、今年４〜５月に〝緊急導入〟」
https://www.fnn.jp/articles/-/63729
- PR TIMES「急増する「オンライン飲み」と、ならではの楽しみ方。クラフトビール飲み比べ定期配送サービス「ふたりのみ」が「オンライン飲み」の実態を調査。」
https://prtimes.jp/main/html/rd/p/000000016.000020760.html
- 日経ＢＰ　日経クロストレンド「『Zoomお見合い』成功率がリアルより高い理由　自然体で話せる？」
https://xtrend.nikkei.com/atcl/contents/watch/00013/01036/
- nippon.com「ポスト・コロナのオフィス需要はどうなる？」
https://www.nippon.com/ja/in-depth/d00596/
- INTERNET Watch「『インターネット白書２００８』で見るインターネットの現在（１）」
https://internet.watch.impress.co.jp/cda/special/2008/06/26/20063.html
- 一般社団法人ニューオフィス推進協会「２００３年度　第16回日経ニューオフィス賞 受賞オフィス紹介」
https://www.nopa.or.jp/prize/contents/prize/16/01.html
- ＦＮＮプライムオンライン「コロナ収束後も６割超『テレワークを続けたい』が効率は下がった…今後の働き方はどう変わる？」
https://www.fnn.jp/articles/-/45995
- KOKUYO「コロナ感染拡大防止とこれからの働き方に関するアンケート―東京エリア１０９社の声―」
https://www.kokuyo-marketing.co.jp/column/covid-19/post-40/
- 日経ＢＰ　日経クロストレンド「全社テレワーク移行を早期決断したＧＭＯ　３カ月で見えた真実」

https://xtrend.nikkei.com/atcl/contents/casestudy/00012/00386/

●日本経済新聞「日立「もう元には戻さない」 在宅定着へ ジョブ型雇用 テレワーク新常態（1）」
https://www.nikkei.com/article/DGXMZO61454090T10C20A7EA1000/

●BBC NEWS JAPAN「富士通、在宅勤務を基本に コロナ禍の「ニューノーマル」に対応」
https://www.bbc.com/japanese/53304078

●リサリサ（リサーチ・リサーチ）「一人暮らし男女のご近所付き合いに関するアンケート調査（20代〜30代男女対象）」
https://www.lisalisa50.com/research20170326_7.html

●株式会社オープンハウス「2020年 コロナ禍を受けたこれからの住まい意識・実態・ニーズ調査」
https://oh.openhouse-group.com/company/news/news20200608.html

●マナミナ「コロナ影響下での消費者動向、アフターコロナへの展望を調査」
https://manamina.valuesccg.com/articles/885

●NHK NEWS おはよう日本「建築家・隈研吾さんが語る〝アフター・コロナ〟の建築」
https://www.nhk.or.jp/ohayou/digest/2020/06/0616.html

●CanCam.jp「『コロナ離婚』は他人事じゃない！ 実際に『離婚を考えた夫婦』のリアルな声」
https://cancam.jp/archives/850165

●内閣府 政策統括官（経済社会システム担当）「新型コロナウイルス感染症の影響下における 生活意識・行動の変化に関する調査」
https://www5.cao.go.jp/keizai2/manzoku/pdf/shiryo2.pdf

●東京ガス都市生活研究所「新型コロナウイルスによる暮らしの変化とおうち時間を楽しむアイデア」
https://www.toshiken.com/report/life58.html

●日本経済新聞「DIYや家庭菜園… コロナを機に『自給自足』」
https://www.nikkei.com/article/DGXMZO60029100V00C20A6SHA000/

- GOOD DESIGN AWARD「フォーカス・イシュー２０１８」
https://www.g-mark.org/activity/2018/focusedissue2018.html
- 総務省 令和元年版情報通信白書「第1部 特集 進化するデジタル経済とその先にあるSociety 5.0」
https://www.soumu.go.jp/johotsusintokei/whitepaper/ja/r01/html/nd124210.html
- 日経BizGate「『収束後もテレワーク中心に働きたい』4割 現状はストレスも コロナ後の働き方 BizGateアンケート」
https://bizgate.nikkei.co.jp/article/DGXMZO58794730060520200000000/
- NHK NEWS WEB「カルビー 単身赴任やめ家族と同居可能に 新型コロナに対応」
https://www3.nhk.or.jp/news/html/20200625/k10012483571000.html
- 日本経済新聞「キリンホールディングス、期限定めず出社上限3割に」
https://www.nikkei.com/article/DGXMZO60791330V20C20A6XQH000/
- ITmediaビジネスONLINE #SHIFT「ヤフー、10月から正式に無制限リモートワーク 社外から『副業人材』募集も」
https://www.itmedia.co.jp/business/articles/2007/15/news109.html
- セイコーホールディングス株式会社 セイコー時間白書２０２０「時間との付き合い方がより自己主体的に〝新しい生活様式〟に取り組み始めた現代人」
https://www.seiko.co.jp/timewhitepaper/2020/detail.html
- SUVACO株式会社「新型コロナウイルスによるライフスタイルの変化で気づいた我が家の良かった点・改善したい点」
https://suvaco.jp/doc/press-release-200605
- 日本野球機構セントラル・リーグ 年度別入場者数（１９５０～２０１９）
https://npb.jp/statistics/attendance_yearly_cl.pdf
- 日本野球機構パシフィック・リーグ 年度別入場者数（１９５０～２０１９）

https://npb.jp/statistics/attendance_yearly_pl.pdf

●ゴトーのブログ「プロ野球の観客動員数の推移。視聴率や競技人口は落ちているが、動員はほぼ右肩上がり。」
https://www.gamehuntblog.com/entry/npb-attendance-transition

●千葉・柏発！日刊超特急！「2019年の巨人戦平均視聴率は5・56%」
https://ameblo.jp/midori-gblog0201/entry-12576949297.html

●星野リゾート「星野リゾートの『マイクロツーリズム』ご近所旅行のススメ」
https://www.hoshinoresorts.com/sp/microtourism/

●株式会社JTB「新型コロナウイルス感染拡大による、暮らしや心の変化および旅行再開に向けての意識調査(2020)」
https://press.jtbcorp.jp/jp/2020/05/2020-4.html

●TRAVEL JOURNAL ONLINE「ワーケーション促進へ自治体連合が発足、企業に制度化働きかけ」
https://www.tjnet.co.jp/2019/12/23/

●日本トレンドリサーチ「【ワーケーション】約4割の方が、今後普及していくと『思う』」
https://trend-research.jp/4108/

●レスポンス「新車登録台数、コロナ禍で4割減…スバル/三菱は7割減 5月」
https://response.jp/article/2020/06/01/335166.html

●レスポンス「中古車登録台数、新型コロナ影響や消費増税で過去最低 2020年上半期」
https://response.jp/article/2020/07/14/336544.html

●@Press「アイランド株式会社による『新型コロナウイルス感染症流行による家庭での料理の変化に関する調査』」
https://www.atpress.ne.jp/news/211593

●PR TIMES「ウィズ/アフターコロナも〝パン作り〟ニーズが拡大中！トースターでも焼ける『手作りチョコパンキット』を販売開始」

https://prtimes.jp/main/html/rd/p/000000004.000005892.html

- ダイヤモンドオンライン「コロナ時代に「売れる商品・売れない商品」トップ30、口紅は大幅減」
https://diamond.jp/articles/-/237355?page=6

- クーリエ・ジャポン「コロナ後の世界を描く『4つの未来予想図』『パンデミック対処には〝反戦時経済〟が必要』コロナの先の経済学」
https://courrier.jp/news/archives/197274/

- マンションエンジン「江東区の相場情報」
https://www.manen.jp/market/details/13/01/13108/0/

- MAJOR7「新築分譲マンション購入に際しての意識調査 2019年」
https://www.major7.net/contents/trendlabo/research/vol031/

- 総務省 報道資料「平成30年住宅・土地統計調査 住宅及び世帯に関する基本集計結果の概要」
https://www.stat.go.jp/data/jyutaku/2018/pdf/kihon_gaiyou.pdf

- Business Journal「歪んだ「新築住宅信仰」 なぜ良質かつ安価な中古住宅は普及しない？ 悪しき慣習と制度」
https://biz-journal.jp/2015/07/post_10664.html

- LIFULL HOME'S PRESS「首都圏で中古が新築より売れるマンション逆転現象。新築中心だった市場に本当の転換は起こるか？～時事解説」
https://www.homes.co.jp/cont/press/buy/buy_00914/

- O-uccino「中古住宅を巡る日本と欧米の比較」
http://www.o-uccino.jp/chuko/sp/column013/

- オウチーノニュース「資産価値の高いマンションはこうして選べ！ 値下がりしない10箇条」
https://o-uccino.com/front/articles/47767

- 総務省統計局 平成20年住宅・土地統計調査「現住居以外の住宅の所有状況」

https://www.stat.go.jp/data/jyutaku/2008/nihon/9_2.html

- 総務省統計局 平成28年社会生活基本調査「社会生活基本調査から分かる47都道府県ランキング」
https://www.stat.go.jp/data/shakai/2016/rank/index.html
- ザイマックス総研の研究調査「通勤ストレスがワーカーの満足度に与える影響」
https://soken.xymax.co.jp/2019/06/04/1906-worker_survey_2019/
- WIRED VISION「小島寛之の『環境と経済と幸福の関係』魅力的な都市とは～ジェイコブスの四原則」
http://archive.wiredvision.co.jp/blog/kojima/200801/200801240100.html
- 宇沢弘文「社会的共通資本」
https://www.af-info.or.jp/blueplanet/assets/pdf/list/2009slide-uzawa.pdf
- Airbnb Japan「『民泊あつし』で快適な休日・温泉・WIFI【517号室・9名】【ワーケーション応援SALE】」
https://www.airbnb.jp/rooms/34403527
- AIRBNB HOST STORY「Airbnbへの掲載がもたらした、リゾートマンションの有効活用と資産価値向上」
https://tsite.jp/r/cpn/airbnb/hoststory/interview/p/004/
- PR TIMES「【エンゼル・ひまわりグループ】第7回新潟ニュービジネス大賞を受賞～シェアリング事業によるリゾートの再生～」
https://prtimes.jp/main/html/rd/p/000000009.000030708.html
- LIFULL HOME'S「その年収なら、どんな家に住める？① これが『年収別適正家賃』！」
https://www.homes.co.jp/cont/rent/rent_00002/
- ReseMom「都内の共働き世帯が増加、28・5％が世帯年収1千万円以上」
https://resemom.jp/article/2018/11/01/47494.html
- CAREER PICKS「東京都の平均年収は日本一！ 年齢、男女、区別、企業年収も紹介」
https://career-picks.com/average-salary/toukyou-heikin-nensyuu/

●幻冬舎GOLD ONLINE「住宅購入を検討し始めたきっかけは?～一戸建ては人気なのか」
https://gentosha-go.com/articles/-/26674
●株式会社リクルート住まいカンパニー「「コロナ禍を受けた『住宅購入・建築検討者』調査（首都圏）」
https://www.recruit-sumai.co.jp/press/2020/06/-8-4222.html

ポスト・コロナ時代
どこに住み、どう働くか

発行日　2021年2月20日　第1刷

Author　長田英知
Illustrator　藤田翔
Book Designer　JUNGLE 三森健太（カバーデザイン）
小林祐司（本文デザイン＋DTP）

Publication　株式会社ディスカヴァー・トゥエンティワン
〒102-0093　東京都千代田区平河町2-16-1 平河町森タワー11F
TEL　03-3237-8321（代表）03-3237-8345（営業）／FAX　03-3237-8323
https://www.d21.co.jp

Publisher　谷口奈緒美
Editor　千葉正幸　志摩麻衣

Store Sales Company
梅本翔太　飯田智樹　古矢薫　佐藤昌幸　青木翔平　小木曽礼丈　小山怜那　川本寛子
佐竹祐哉　佐藤淳基　竹内大貴　直林実咲　野村美空　廣内悠理　井澤徳子　藤井かおり
藤井多穂子　町田加奈子

Online Sales Company
三輪真也　榊原僚　磯部隆　伊東佑真　川島理　高橋雛乃　滝口景太郎　宮田有利子　石橋佐知子

Product Company
大山聡子　大竹朝子　岡本典子　小関勝則　原典宏　藤田浩芳　王廳　小田木もも　倉田華
佐々木玲奈　佐藤サラ圭　杉田彰子　辰巳佳衣　谷中卓　橋本莉奈　林拓馬　牧野類　三谷祐一
元木優子　安永姫菜　山中麻吏　渡辺基志　小石亜季　伊藤香　葛目美枝子　鈴木洋子　畑野衣見

Business Solution Company
蛯原昇　安永智洋　志摩晃司　早水真吾　野﨑竜海　野中保奈美　野村美紀　林秀樹
三角真穂　南健一　村尾純司

Ebook Company
松原史与志　中島俊平　越野志絵良　斎藤悠人　庄司知世　西川なつか　小田孝文　中澤泰宏

Corporate Design Group
大星多聞　堀部直人　岡村浩明　井筒浩　井上竜之介　奥田千晶　田中亜紀　福永友紀　山田諭志
池田望　石光まゆ子　齋藤朋子　福田章平　俵敬子　丸山香織　宮崎陽子　青木涼馬　岩城萌花
大竹美和　越智佳奈子　北村明友　副島杏南　田中真悠　田山礼真　津野主揮　永尾祐人　中西花
西方裕人　羽地夕夏　原田愛穂　平池輝　星明里　松川実夏　松ノ下直輝　八木眸

Proofreader　文字工房燦光
Printing　中央精版印刷株式会社

ISBN978-4-7993-2691-6